CLV

Jean Gibson

Auf dem Weg zur Verantwortung

– ein Modell biblischer Seelsorge

CLV
Christliche
Literatur-Verbreitung e.V.
Postfach 110135 • 33661 Bielefeld

1. Auflage 1997

Originaltitel: Responsibility Counseling

Postfach 110135 · 33661 Bielefeld
Übersetzung: Andreas Lindner
Umschlaggestaltung: Dieter Otten, Gummersbach
Satz: Enns Schrift & Bild, Bielefeld
Druck und Bindung: Ebner Ulm

ISBN 3-89397-245-5

Inhaltsverzeichnis

Kapitel 1

Seelsorge ist mehr und mehr gefragt

Seit dem Sündenfall wächst beständig die Anzahl der Menschen, die von Ängsten, Konflikten und ungelösten Problemen geplagt werden. Obwohl die Gläubigen vom Herrn nicht gegen diese Schwierigkeiten immunisiert worden sind, scheint es, daß diese Probleme doch schwerer auf denen lasten, die nicht mit Gott versöhnt sind. Die vielen Ursachen, zu denen sicherlich auch Sünde gehört, sind nicht in der neuartigen Entwicklung einer komplexen Gesellschaft oder in der konfliktbeladenen modernen Welt zu suchen. In Prediger 1,9 wird uns versichert: „Es gibt nichts Neues unter der Sonne."

Um diese Probleme zu behandeln, wurde ein eindrucksvolles Heer von diagnostischen Fachausdrücken und psychologischen Etiketten entwickelt, die von einer Vielzahl von Therapien für jedes Problem begleitet werden. Manche dieser Therapien scheinen einen verändernden Effekt zu haben, doch viele schaden mehr, als daß sie nutzen. Nur ganz wenige Therapierichtungen werden inzwischen von Psychotherapieforschern als wirklich hilfreich anerkannt. Aber selbst darüber sind sich die Forscher nicht völlig einig. Doch auch wenn Patienten von positiven Veränderungen nach einer solchen Behandlung berichten, so bleiben diese oft nur an der Oberfläche. Einige müssen, von der Bibel her gesehen, als totale Irrwege betrachtet werden, die nur weiter weg von der Wahrheit führen, die allein in Jesus Christus zu finden ist. Dies liegt vor allem an dem unbiblischen, humanistischen Menschen- und Weltbild, von dem durchgängig alle bekannten Therapieformen ausgehen. Die Wahrheit, wie Gott sie uns über den Menschen geoffenbart hat, spielt darin überhaupt keine Rolle.

Es ist offensichtlich, daß ein Berater, sei er nun säkular oder bibelorientiert, der ernsthafte Fürsorge, Verstehen, Wärme und ein hörendes Ohr zeigt, sehr viel effektiver ist. Er ruft Vertrauen hervor, er ermutigt. Auf dieser Basis kann ein Freund ebensogut Hilfe vermitteln wie ein professioneller Therapeut. Viele professionelle Therapien scheinen allein auf dieser Basis Erfolg zu haben.

Schon lange weiß Gottes Volk: „Vom Herrn sind die Schritte des Mannes (bestimmt); und der Mensch, wie sollte er seinen Weg verstehen?"

(Spr 20,24). David fragte: „Verirrungen – wer bemerkt sie?" (Ps 19,13). Diese und ähnliche Verse scheinen anzudeuten, daß Menschen mit Problemen klare geistliche Führung benötigen, wenn ihnen wirklich geholfen werden soll. Wir brauchen mit Sicherheit tiefe Weisheit, die uns im Denken und Handeln recht leitet. Der Herr ist diese Weisheit. Er ist der wunderbare Ratgeber, den wir alle brauchen (Jes 9,6). Der Herr ist es, „in dem alle Schätze der Weisheit und der Erkenntnis verborgen sind" (Kol 2,3). Er ist die Wahrheit (Joh 14,6), und das ist es, was wir zuerst einmal über uns selbst verstehen müssen.

Die meisten Ratsuchenden haben auf die eine oder andere Art ein geistliches Problem, auch wenn es nur in der Einstellung zu den Schwierigkeiten liegen mag. Der Ausgangspunkt des Gesprächs sollte die Beziehung des Ratsuchenden zu Gott sein, nicht die Beziehung zu seinen Mitmenschen, und schon gar nicht die mitmenschlichen Beziehungen in den frühen Lebensjahren. Viele Ratsuchende behaupten, eine gewisse Beziehung zu Gott zu haben. Wenn diese Beziehung nicht echt ist, so müssen sie wiedergeboren werden. Das ist ein grundlegender Bestandteil der Lösung. Für andere mag es nötig sein, daß sie ihr geistliches Leben mit Gott überprüfen und herausfinden, wie die Realität mit ihrem Bekenntnis übereinstimmt, an den Herrn Jesus zu glauben. Im Gegensatz zu den Bemühungen eines weltlichen Seelsorgers sieht so die Aufgabe eines geistlichen Ratgebers aus, der wirklich um die Seelen besorgt und im Wort Gottes gegründet ist. Übrigens sind sogenannte emotionale Probleme oft umbenannte geistliche Probleme.

Was ist mit chemischen Veränderungen im Körper oder mit physiologischen Problemen? Es kann sein, daß einige gründlich vom Arzt untersucht werden müssen. Es gibt die verschiedensten Ursachen wie zum Beispiel Tumore, Krebs, Hormonschwankungen und ähnliche Störungen, und sogar körperliche Überanstrengung, die Seele und Geist des Menschen beeinflussen. Medikamente können helfen und tun es ja auch. Wir bestreiten das in keiner Weise. Seelsorger sollen nicht den Arzt ersetzen, wo er gebraucht wird. Selbst Ärzte haben angefangen, den Wert von Gebet und geistlichem Trost zu schätzen (zum Beispiel bei Patienten mit einer tödlichen Krankheit). Als Gläubige sollten wir in unserem geistlichen Kampf hauptsächlich das Gebet benutzen, ob die Ärzte nun etwas davon halten oder nicht. Es ist unsere beste Waffe. Viele halten das Sprichwort für wahr:

Der Arzt bei der Behandlung weilt,
Doch Gott allein ist's, der da heilt.

Weil der Herr unsichtbar ist, oder wegen unseres Mangels an Glauben, reicht Gott für die meisten Leute nicht aus. Wir suchen nach Vermittlern, menschlichen Seelsorgern oder Helfern, die uns den Weg zeigen. Deshalb suchen wir bei einer Menge von Ratgebern (Spr 11,14; 15,22; 24,6), aber nicht alle sind weise oder geistlich. Gott ist bereit, die zu leiten, die ihm völlig vertrauen und bereit sind, seinen Rat anzunehmen. Am leichtesten ist jemandem zu helfen, der Gott wirklich gehorchen will und auf guten Rat hin handelt. Gottes Rat wird meistens durch die vermittelt, die mit ihm in Verbindung stehen und so als Kanal wirken. Er könnte natürlich auch durch eine Stimme vom Himmel, einen Traum oder eine Vision reden. Doch offenbar benutzt Gott Menschen für diesen Dienst, und zwar besonders die, die sich auf sein Wort verlassen. Gottes Rat entspricht immer seinem Wort und ist nie im Widerspruch dazu.

Die örtlichen Gemeinden wurden von einer wachsenden Anzahl von Rat- und Hilfesuchenden überschwemmt. Es sind so viele, daß unmöglich ein oder zwei Personen ausreichen, um sich wirksam um sie alle kümmern zu können. Die vielen Probleme können einen begabten Lehrer oder einen mitfühlenden Ältesten so in Beschlag nehmen, daß sie seine gesamte Zeit in Anspruch nehmen. Viele Gemeinden sind dazu übergegangen, Ratsuchende an professionelle Seelsorger und Therapeuten weiterzuleiten, was meistens mit erheblichen Kosten verbunden ist. Ist diese Methode die einzige Alternative für das geplagte Volk des Herrn? Hat Gott uns angewiesen, diejenigen in der Gemeinde zu überspringen, die eigentlich in der Lage sein sollten, zu helfen? Gibt es niemanden unter uns, der weise oder verständig genug ist, den Schafen des Herrn auf diese Weise beizustehen (1Kor 6,3-5; Röm 15,14)?

Die örtliche Gemeinde sollte doch wohl die Hauptrolle in diesem Seelsorgedienst spielen, genauso wie es der Fall ist, wenn Geschwister äußerlich Not leiden, sei es wegen Nahrung oder Unterkunft. Einige Geschwister der Gemeinde sollten besonders für diesen Dienst zur Verfügung stehen. Jeder Gläubige kann bis zu einem gewissen Grad mithelfen, aber nicht alle haben die notwendigen Gaben, um die Aufgabe gut zu erfüllen. Wir werden später noch über einige wünschenswerte Voraussetzungen reden. Einige übernehmen vorschnell solche Aufgaben, aber ihr gutgemeinter Rat ist nicht wirklich von Gott. Andere, die besser helfen könnten, zögern, weil sie sich für unfähig halten oder keine spezielle Ausbildung durchlaufen haben. Hilfe oder Rat kommt am häufigsten von Laien, wie zum Beispiel Verwandten, Freunden, Bekannten oder Kollegen. Dieser Rat kann hilfreich sein oder auch nicht. Er mag von Gott sein oder nicht. Es wird nie genügend professionelle Seelsorger geben, um all die vielen Nöte zu erfüllen, mal ganz abgesehen davon, ob sie auch die bestmögliche Hilfe darstellen. Dieses Buch wurde in der Hoffnung geschrieben, daß damit normalen, geistlichen Geschwistern in der Gemeinde geholfen wird, einige Prinzipien zu durchdenken, die von praktischer Bedeutung sein könnten. Wir machen auf einige brauchbare, einfache Ideen aufmerksam, die sich im Rahmen der Heiligen Schrift finden.

Wir dürfen uns nicht auf bloße menschliche Techniken verlassen, als ob sie die Schlüssel zu wirksamer Seelsorge wären. In Wirklichkeit muß das Leben der Menschen umgestaltet werden, anfangend mit seiner Beziehung zu Gott. Genau das geschieht durch das Wirken des Heiligen Geistes in einem hingegebenen Menschen. Der Prophet schrieb: „Nicht durch Macht und nicht durch Kraft, sondern durch meinen Geist, spricht der Herr“ (Sach 4,6). Und der Herr Jesus sagte: „Ohne mich könnt ihr nichts tun“ (Joh 15,6).

Das Hauptprinzip dieses Buches ist Verantwortung. Damit meinen wir, daß wir darauf bestehen, daß jeder Einzelne die persönliche Verantwortung für seine eigenen Taten, Einstellungen, Entscheidungen und Reaktionen übernehmen muß. Wir müssen endlich damit aufhören, die Schuld für Dinge, die uns nicht gefallen, anderen Personen oder Umständen in Gegenwart oder Vergangenheit zu geben. Wir sollten aufhören, uns als Opfer zu betrachten. Anderen die Schuld zu geben oder die Gesellschaft und Umwelt zum Sündenbock zu erklären, führt gewöhnlich nur zu Bitterkeit, Hoffnungslosigkeit und Hilflosigkeit. Diese fruchtlose Angewohnheit begann bereits im Garten Eden (1Mo 3,9-13). Man stellt fest, daß Gott überhaupt nicht auf unsere Bemühungen eingeht, den anderen die Schuld zu geben. Oft könnten wir die Lage verbessern, wenn wir endlich das tun würden, was wir tun können und sollen. Wenn wir unsere Einstellungen ändern, indem wir anderen vergeben, auch Unangenehmes und Schmerzhaftes dankbar annehmen und im Eigenwillen zerbrechen, können wir vorankommen.

Tiefgreifende Lebensveränderungen müssen im Innern beginnen, im „Herzen" des Menschen, wie das in der Bibel bildhaft bezeichnet wird. Der Prophet Jeremia schreibt: „Trügerisch ist das Herz, mehr als alles, und unheilbar ist es. Wer kennt sich mit ihm aus?" (Jer 17,9). Die Neigung, sich selbst und anderen etwas vorzumachen, hindert uns daran, die Probleme des Lebens erfolgreich zu meistern. Ehrlichkeit ist grundlegend – gegenüber Gott, anderen und dem Seelsorger. Der Ratgeber braucht dringend geistliches Unterscheidungsvermögen, wenn er den Ratsuchenden zuhört oder sie befragt. Dadurch dringt er zum Kern der Sache vor, hinter das Oberflächliche und Offensichtliche. Für innerliche Veränderungen sind sowohl die ernste Bereitschaft des Ratsuchenden als auch die übernatürliche Hilfe Gottes nötig. Diese Art von Seelsorge erfordert Gebet. Es genügt nicht, wenn man den Prozeß aus Gewohnheit mit formal an Gott gerichteten Sätzen begleitet. Das Vorgehen von allen Beteiligten muß auf echtem Glauben mit Ausharren im Gebet gegründet sein.

Der geistliche Seelsorger muß einfühlsam mit den Hilfesuchenden umgehen. Man sollte sich als Beistand oder Helfer sehen, so wie der Heilige Geist, der in den Gläubigen wirkt (Joh 14,26). Deshalb müssen wir mit dem Heiligen Geist erfüllt sein (Eph 5,18). Wenn wir aufmerksam und sorgfältig zuhören, können wir das entdecken, was anderen entgehen könnte. Wenn wir Gottes Wort zu angebrachter Zeit richtig benutzen, so gebrauchen wir ein sehr wirksames Werkzeug zum geistlichen Kampf (Hebr 4,12). Wenn wir sowohl durch die Liebe Christi (2Kor 5,14) als auch durch die Liebe zu Menschen und nicht von finanziellem Gewinn motiviert sind, wird das nicht unbemerkt bleiben. Dadurch wird das Vertrauen und die Bereitschaft zur Veränderung gefördert. Der Geistliche ist am besten in der Lage, andere zurechtzubringen (Gal 6,1).

Fragen zum Selbststudium

1. Heute suchen viel mehr Menschen Hilfe bei Seelsorgern, Psychologen, Psychiatern oder Selbsthilfegruppen als in den vergangenen Zeiten der Weltgeschichte. Was ist Ihrer Meinung nach der Grund dafür?

2. Heute gibt es eine starke Tendenz dazu, Verhaltensstörungen mit Begriffen wie „hormonelles Ungleichgewicht“ zu erklären, oder sie auf negative Erfahrungen in der Vergangenheit zurückzuführen, bis zurück in den Mutterleib. Sind diese Faktoren Ihrer Meinung nach die Hauptursache der meisten Fälle von sogenannten „psychologischen Problemen“? Erklären Sie Ihre Antwort.

3. Was sollte Ihrer Meinung nach unternommen werden, damit christliche Leiter und reife Gläubige in ihren Gemeinden eine bessere Hilfe für Menschen mit Problemen sein können?

4. Warum ist es notwendig, daß während der Seelsorge vom Ratsuchenden Eigenverantwortung übernommen wird? Wenn es Ihrer Meinung nach nicht notwendig ist, was wäre dann nötig?

Kapitel 2

Die Verwirrung durch die Vermischung von weltlichen und christlichen Begriffen

Unter Christen wird heute oft von „christlicher Seelsorge“ oder „biblischer Seelsorge“ geredet. Aber was versteht man darunter? Meistens bedeutet es, daß die Seelsorger wiedergeborene Christen sind und von diesem Standpunkt aus helfen wollen. Aber viele von ihnen vermischen in Wirklichkeit die Prinzipien der weltlichen Psychologie mit der Bibel. Dabei liefern die säkularen Prinzipien die Grundlagen. Man fährt mehr auf den Gleisen des weltlichen Denkens, anstatt selbst ein streng biblisches Vorgehen aus der Schrift zu entwickeln. Weil sie als Christen reden und schreiben und dabei ihre weltlichen Titel und Erfahrungen hinter ihnen stehen, werden ihre Ansichten von vielen in den Gemeinden als maßgebliches Urteil übernommen.

Der Versuch, den säkularen und den biblischen Weg zu verbinden, erstaunt uns, wenn wir bedenken, wer den säkularen Weg geprägt hat. Eines der Hauptgebiete der Psychotherapie ist die Psychoanalyse, deren Vater und Begründer Sigmund Freud ist. Er ließ jede religiöse Lehre als eine Illusion hinter sich und verglich Religion mit einem Beruhigungsmittel, das nur von Neurotikern eingenommen wird. Gary Collins, ein Professor für christliche Seelsorge am Trinity Seminary, sagt: „Um es einmal milde auszudrücken: Psychologie und Christentum waren nie gute Freunde.“ Carl Rogers und Abraham Maslow sind die einflußreichsten Lehrer, deren Methoden und ‚Einsichten‘ vielen führenden christlichen Seelsorgern die Richtung weisen. Diese beiden Männer werden als die Begründer der humanistisch-psychologischen Bewegung angesehen. Rogers hat sich vom Christentum abgewendet und sich mit Okkultem beschäftigt. Maslow ist ein abgefallener Jude. Jedoch wird heute jeder als aufwieglerisch und rückständig angesehen, der die modernen Trends und Einflüsse kritisiert. Psychologie hat das Denken der Gemeinde massiv geprägt und ist inzwischen zu einer heiligen Kuh geworden, die von vielen angebetet wird und die gegen alle Einwände immun ist. Aber die schärfsten Einwände gegen die säkulare Psychologie und ihre Mutter, die Psychiatrie, kommen von Fachleuten aus ihren eigenen Reihen und nicht von den Christen.

Bernie Zilbergeld ist ein ausgebildeter und praktizierender Psychologe. In seinem Angriff auf die Gilde, zu der er gehört, ist er sehr offen. Er fragt: „Ob es stimmt, daß die Fachleute bessere Behandlungserfolge haben als die Laien? Die Antwort ist schwer zu akzeptieren: Es stimmt nicht.“[1] Er fügt hinzu: „Die vorliegenden Beweise widerlegen die Ansicht, daß die Therapien oder die Fachausbildung wichtig und nützlich sei.“[2] Dann zitiert er den Psychologen Joseph Durlak: „In bezug auf meßbaren Behandlungserfolg besitzen Fachleute nicht unbedingt bessere Fähigkeiten zur Behandlung als Laien.“[3] Zilbergeld wundert sich darüber, daß Patienten, die soviel Zeit und Geld für „Behandlung“ aufgewendet haben, nicht bereit sind zuzugeben, daß alles erfolglos war. Es scheint, als ob sie von einem Spezialisten zum anderen, von Programm zu Programm, von Therapie zu Therapie, von einem Seelsorger zum nächsten laufen, ohne die Wirksamkeit der bereits erhaltenen Hilfe in Frage zu stellen. Der einzige Vorteil scheint zu sein, daß sich die Patienten während der Behandlung wohler fühlen, besonders dann, wenn ihnen jemand mitfühlend zuhört.

Zilbergeld hat recht, wenn er behauptet, daß einige Leute Medikamente benötigen. Aber diese können nur von Ärzten verschrieben werden, nicht von Psychologen oder Seelsorgern. Wir haben schon gesagt, daß man die Leute unter Umständen zu physiologischen Untersuchungen zum Arzt schicken kann. Lithium hat sich zum Beispiel als hilfreiches Medikament für Leute erwiesen, die als manisch-depressiv diagnostiziert worden sind. Andere brauchen Medikamente, um Hysterie oder heftige Erregungszustände auszugleichen. Einigen könnte durch sogenannte Antidepressiva geholfen werden. Dabei darf man allerdings nicht vergessen, daß diese Medikamente nur die Symptome beeinflussen. Weise Ärzte sprechen lieber von „Behandlung“ als von „Heilung“. Diese Medikamente sind keine Heilmittel. Seelsorge aber bezieht sich auf die ursächlichen Einstellungen im Inneren. In diesem Bereich gibt es ungefähr 250 verschiedene Vorgehensweisen oder Methoden der psychotherapeutischen Behandlung. Keine davon ragt aus den anderen unhinterfragt heraus oder genießt allgemeine Anerkennung. Es gibt nur einen bescheidenen Beleg dafür, daß eine bestimmte Schule oder Methode einer anderen überlegen sein könnte. Zu diesem vorsichtigen Resultat kommen führende Psychotherapieforscher nach der Analyse aller aktuellen Psychotherapiestudien.[4] Von denen, die eine bestimmte Methode propagieren, werden übertriebene Behauptungen über den Erfolg von diesem oder jenem aufgestellt. Die

Schwierigkeit liegt jedoch darin, daß andere mit derselben Methode deutlich überprüfbare Erfolge nicht wiederholen können.

Ein Problem in diesem Gebiet ist wohl die Bezeichnung Geisteskrankheit als Beschreibung des Mißstandes. Dadurch werden geistige und emotionale Probleme so betrachtet, als gehörten sie in dieselbe Kategorie wie Grippe oder andere körperliche Krankheiten. Man nennt dies das medizinische Modell. Es ist recht schwierig, die Ursache für diese Geisteskrankheiten im Labor festzustellen, obwohl man es angestrengt versucht. Der bekannte Psychiatrieprofessor der New York State University, Dr. Thomas Szasz, war der erste Fachmann, der laut verkündete, daß Geisteskrankheiten ein Märchen ohne echte wissenschaftliche Grundlage sind. Er nannte die traditionellen Begriffe der Psychiatrie in einem Atemzug mit Astrologie und bezeichnete sie als „Scheinwissenschaft".[5] Er führt aus: „Der Begriff Geisteskrankheit mag im 19. Jahrhundert ein brauchbares Konzept gewesen sein. Heute ist er für die Wissenschaft wertlos und für die Gesellschaft schädlich."[6] Es gibt eine Anzahl von Ärzten mit Rang und Namen auf diesem Gebiet, die hier zustimmen. Ein Arzt kann medizinische Probleme behandeln, die psychologische Ursachen haben. Dieser Aussage würden nur wenige widersprechen. Heutzutage haben die Befürworter der Psychologie große Anstrengungen unternommen, um Pastoren und andere Gläubige davon abzuhalten, sich in diesem Bereich zu betätigen, indem behauptet wird, daß sie dabei großen Schaden anrichten könnten. Dadurch entsteht der (falsche) Eindruck, Fachleute könnten keinen Schaden anrichten.

In den letzten hundert Jahren hat sich das Denken über das menschliche Verhalten total verändert. Man hat das moralische Modell (richtig im Gegensatz zu falsch) zugunsten des medizinischen Modells (falsches Verhalten ist eine Krankheit) aufgegeben. Das trifft genauso stark auf die Gemeinde zu. Der nicht-christliche Psychologe Dr. Hobart Mowrer von der University of Illinois stellte die Frage: „Haben die Evangelikalen ihr Erstgeburtsrecht für einen Mischmasch von psychologischem Brei verkauft?"[7] In seiner Behandlung von Geisteskranken besteht Dr. Mowrer darauf, daß sie selbst die Verantwortung für ihr Verhalten übernehmen und nicht anderen die Schuld dafür geben. Der bekannte Psychiater Dr. Karl Menninger, der die berühmte Klinik in Topeka in Kansas leitet, schrieb ein Buch mit dem Titel „Whatever Happened to Sin?" (Was ist nur aus der Sünde geworden?). Darin klagt er die Christen an, die heute sündiges Verhalten nicht mehr verurteilen, sondern bereit sind, psychologische Ausreden zu akzeptieren.

Genau diese Tendenz, fragwürdige Entschuldigungen für falsches Verhalten zu akzeptieren, ist eine Eigenart der weltlich orientierten Seelsorge. Anfangend mit Freud gab es ein unermüdliches Suchen nach angeblich ursächlichen Faktoren, die bis zur Geburt der Person zurückreichen. Der Ratsuchende wird als Opfer all dieser Faktoren gesehen und nicht als persönlich verantwortlich. Religiöse oder moralische Maßstäbe wurden als schädlich angesehen, weil sie Schuldgefühle verursachen, und das sei eine der Hauptursachen des Problems. Nach dieser Vorstellung muß man nur die moralischen Maßstäbe loswerden, um sich von Schuld zu befreien. Später wurde der Begriff der Sucht nach Drogen wie Heroin und Kokain auf Essen, Sexualität und andere Bereiche ausgedehnt. Nach dieser Theorie darf man niemanden tadeln, wenn er süchtig ist. Dadurch würden Schuldgefühle entstehen. Bequemerweise wird dabei ignoriert, daß diese „Süchte" trotz all der Gefahren und Warnungen als freie Willensentscheidung begonnen haben. Man hat intensiv nach genetischen Unterschieden und biochemischen Störungen gesucht, um den Begriff der persönlichen Verantwortung noch weiter zu schwächen. Die Soziologen finden weitere Ursachen in Rassismus, Armut und schlechten Umweltbedingungen. Dabei beachtet man kaum, daß viele Menschen trotz dieser negativen Faktoren ein recht konstruktives Leben führen, weil sie sich dazu entschlossen haben. Außerdem paßt es überhaupt nicht in das Denken der Psychologen, daß z.B. die Kraft des Heiligen Geistes durch Wiedergeburt und Heiligung im Leben der Hingegebenen durchgreifende Veränderungen bewirken kann. Diese Veränderungen kann man sehr gut bei Strafgefangenen, Drogenabhängigen und anderen Gruppen beobachten, die gegen die Anstrengungen der Psychologen, Sozialarbeiter und Therapeuten bemerkenswert resistent sind. Der Mißerfolg unter solchen Gruppen hat zu einem zögernden Eingeständnis geführt, daß es durch diese Methoden keine Rehabilitation gibt, nicht einmal im Gefängnis. Gott kann durch sein Wort und durch seine menschlichen Mitarbeiter das erreichen, wozu weltliche Methoden nicht in der Lage sind.

Durch genau diesen Mangel an Erfolg kam der nachdenkliche und ehrliche Psychiater Dr. William Glasser zu der Einsicht: „Mit der heutigen Psychiatrie und der klinischen Psychologie stimmt etwas Grundlegendes nicht."[8] In seinem verbreiteten Buch hat Glasser nicht nur die Notwendigkeit aufgezeigt, die konventionelle psychologische Weisheit ganz aufzugeben, sondern er lieferte auch beweiskräftige statistische Untersuchungen, daß sein Vorgehen zu größerem Erfolg führt. Die Patienten wurden dabei aufgefordert, selbst Verantwortung für ihr Verhalten zu übernehmen. Glasser erklärt in Kapitel 2 seines Buches, daß überall, wo Psychologen oder Psychiater dem üblichen Vorgehen folgen, von sechs Voraussetzungen oder Grundannahmen ausgegangen wird. Glasser meint, dieses Vorgehen sei schuld an der Unwirksamkeit der Behandlung. Diese verbreiteten Voraussetzungen sind:

- Geisteskrankheiten sind wirkliche Krankheiten.
- Man muß die Vergangenheit erforschen und rekonstruieren.
- Transfer ist ein therapeutisches Werkzeug. Das bedeutet, daß der Patient aufgefordert wird, Einstellungen gegenüber Leuten in der Vergangenheit auf Leute in der Gegenwart zu übertragen, zum Beispiel auf den Psychiater.
- Das Unterbewußtsein muß erforscht werden, um Verständnis zu erlangen.
- Die Psychiatrie vermeidet peinlichst das Problem der Moral. Das Verhalten wird als Folge der Geisteskrankheit angesehen, und der Patient sollte nicht moralisch zur Verantwortung gezogen werden, weil er sich nicht anders verhalten kann.
- Änderung geschieht durch Bewußtmachung und Nachsicht, nicht durch Unterweisung.

Glassers Behandlung betont Realität (die gegenwärtige Situation, nicht vergangene Erlebnisse), Verantwortung (für eigene Entscheidungen) und Bewertung (richtiges oder falsches Verhalten, im Gegensatz zu Situationsethik). Diese Ideen waren genau das Gegenteil von dem, was Glassers Kollegen für richtig hielten. (Die eben gemachten Bemerkungen sollen in keiner Weise Glassers Therapieform als christliche Seelsorge empfehlen, sondern zeigen, daß bedeutende Kritik auch durch anerkannte Psychologen erfolgt. Natürlich werden viele gegen seine Darstellung Einwände erheben.)

Die sogenannten christlichen Seelsorger benutzen immer noch die Grundlagen des weltlichen Modells, das großteils auf Freud zurückgeht. Manchmal geben sie zu, daß dieses System Probleme enthält. Larry Crabb, einer der beliebtesten Autoren und Lehrer der christlich-psychologischen Bewegung, gesteht das in seinem Buch „Die Last des anderen" ein. Er sagt: „Psychologie erwächst aus einer Reihe von Grundannahmen, die der Heiligen Schrift widersprechen."[9] Trotzdem ist er der Meinung, daß man das Beste der psychologischen „Wahrheit" nehmen und es mit der biblischen Wahrheit vereinigen kann. Dieses Vorgehen nennt er „das Plündern der Ägypter".[10] Das ist nur ein Beispiel von Crabbs sehr fragwürdiger Bibelauslegung, wenn er versucht, die Bibel und die weltliche Psychologie zu vereinigen. Er vertritt die Meinung, daß Psychologie einige sehr brauchbare Einsichten anbietet, „... auch wenn sie oft von falschen Grundannahmen ausgeht".[11] Auf diese Weise werden die Psychologen zu Ägyptern (wobei er sich auf 2.Mose 3,21.22 bezieht); die Israeliten, die sie berauben, sind die Christen; das erbeutete Gold sind die Einsichten der Psychologen. Natürlich entspricht das nicht einmal im entferntesten Sinn der biblischen Bedeutung. Die Art und Weise, wie Crabb die Schrift benutzt, um die Verbindung von Psychologie und Bibel zu begründen, geht sogar weit über die Vorstellungskraft der meisten Bibelausleger hinaus. Er schlägt vor, daß Galater 2,11-13 die Notwendigkeit lehrt, daß man sich selbst so annehmen muß, wie man ist. Diese Idee stammt von Carl Rogers, nicht aus diesen Versen. Römer 12,6 soll angeblich die Notwendigkeit zeigen, sich so zu geben, wie man ist (Rogers). 1.Mose 1,17-19.28 soll zeigen, daß unser Verhalten von Umwelteinflüssen geprägt wird (Skinner). Wir können dazu nur sagen: Crabbs biblische Seelsorge ist weit davon entfernt, biblisch zu sein.

Wir können hier nicht auf all die vielen Ausdrücke eingehen, die sogenannte christliche Seelsorger und Pastoren heute benutzen, wenn sie psychologische Themen predigen. Fast jede dieser Ideen kommt aus dem säkularen Bereich und nicht aus der Bibel. Es wird viel über Selbstwert geredet, was einfach ein anderer Name für Eigenliebe ist. Wenn jemanden diese Tugend mangelt, so drohen alle Arten von Krankheiten. Ein anderer Ausdruck dafür ist Mangel an Selbstannahme. Wenn Eigenliebe eine gesunde Tugend ist, so ist es schwierig zu verstehen, warum sie unter den bösen Gewohnheiten der Menschen in den letzten Tagen aufgezählt wird (2Tim 3,2). In der Schrift werden wir gelehrt, Gott und den Nächsten zu lieben, aber niemals werden wir aufgefordert, uns selbst zu lieben. Der Herr Jesus hat oft gelehrt, daß wir uns selbst verleugnen sollen. Unser Retter ist das große Beispiel für ein Leben, das sich im Dienst für andere selbst aufopfert. Selbstverwirklichung und Selbsterfüllung – und nicht Selbstverleugnung – sind die säkularen Themen. Der Aufruf zu dieser Art der bedingungslosen Liebe und Annahme ist das Thema der humanistischen Psychologie. Und nun wird diese Eigenschaft benutzt, um Gott zu beschreiben, der angeblich falsches Verhalten ohne Tadel akzeptiert. Aber Gottes Liebe für Sünder schließt nicht ein, daß er falsches Verhalten akzeptiert. Er ruft zur Umkehr auf. Aber der Ruf zur Buße wird von solchen Predigern meistens gemieden.

Die christliche Psychotherapie benutzt heute ganz offen Methoden wie Hypnose, Visualisieren (Reales durch die Vorstellungskraft erschaffen), und Gruppentherapie (Rat und Belehrung kommt aus der Gruppe). All diese Methoden kommen aus der Welt, nicht vom Herrn oder aus seinem Wort. Daran gibt es nichts Biblisches oder Christliches.

Die Gemeinde wurde dazu verführt, viele Ideen der säkularen Psychologie zu übernehmen, weil sie mit ausgesuchten Bibelversen zusammengeschustert wurden und man dadurch den Eindruck erweckt, daß man sowohl geistlich als auch wissenschaftlich ist. Man denkt, wenn die Wissenschaft etwas behauptet, dann muß es wohl wahr sein.

Die Frage ist, ob sie von den meisten der eminenten Kapazitäten aus diesem Bereich selbst als Wissenschaft akzeptiert wird. In ihrem Buch „Psychoheresy" haben Martin und Deidre Bobgan darüber geschrieben, daß Psychologie und Psychiatrie nicht den Erfordernissen entsprechen, um als echte Wissenschaft bezeichnet zu werden. Sie teilen uns mit:

„Der Bund der amerikanischen Psychologen (American Psychological Association) hat versucht, den Status der Psychologie bewerten zu lassen, und deshalb Sigmund Koch beauftragt, dazu eine Untersuchung zu planen und durchzuführen, die finanziell von National Science Foundation (einem bekannten Fond für wissenschaftliche Forschung) unterstützt wurde. In die Studie wurden achtzig herausragende Gelehrte einbezogen, die Fakten, Theorien und Methoden der Psychologie zusammentrugen. Die Ergebnisse dieses umfangreichen Unternehmens wurden in sieben Bänden unter dem Titel ‚Psychologie

– eine Untersuchung einer Wissenschaft‘ (Psychology – A Study of a Science) veröffentlicht. Koch beschreibt den Irrtum, dem wir verfallen sind, wenn wir Psychologie als Wissenschaft betrachten: ‚Die Hoffnung auf eine psychologische Wissenschaft wurde nicht mehr von der Tatsache einer psychologischen Wissenschaft unterschieden. Die gesamte darauf folgende Geschichte der Psychologie kann als Anstrengung betrachtet werden, die äußere Form einer Wissenschaft hervorzubringen, um den Irrtum aufrechtzuerhalten, daß sie schon eine Wissenschaft sei.‘“[12]

Die Fragestellung in dieser Untersuchung wurde negativ beantwortet. Psychologie ist einfach keine Wissenschaft, und sie benutzt auch nicht wirklich die wissenschaftlichen Methoden der sorgfältig kontrollierten, objektiv überwachten und im Experiment wiederholbaren Nachweise ihrer Schlußfolgerungen. Ein Beweis dafür sind die sich andauernd ändernden Schlußfolgerungen, die man zieht. Nur unter den Fachleuten (wie sie sich nennen) der christlichen Seelsorge wird sie so hoch angesehen. Eine große Anzahl von ausgebildeten Akademikern hat den Mangel an Beweisen bestätigt, daß man Psychologie als Wissenschaft bezeichnen könnte. Es ist hauptsächlich eine Ansammlung von sich ständig ändernden Meinungen, die mehr von der Kultur und der öffentlichen Meinung beeinflußt werden als von wissenschaftlichen Tatsachen. Das ist sehr subjektiv und wird hauptsächlich in den USA anerkannt. Damit wollen wir aber weder die Aufrichtigkeit der Begründer noch die der Ausübenden bestimmter Beratungssysteme in Frage stellen.

Zusammenfassend können wir also feststellen, daß Psychotherapie, auch in der christlichen Form, unbiblisch und auf lange Sicht bestenfalls unwirksam ist. Sie kann Menschen von den wirklich biblischen Anweisungen und Heilmitteln wie Selbstdisziplin, Selbstlosigkeit, Hingabe und ‚andere höher achten als sich selbst‘ abbringen. Manchmal sind diese säkularen Behandlungen deutlich unbiblisch und schädlich. Teure Behandlungen dehnen sich über Monate von endlosen Therapien aus, und es kann sogar sein, daß die Patienten sich besser fühlen und sich selbst einreden, ihnen sei wirklich geholfen worden. Wie kontrollierte Studien belegen geht es ihnen jedoch auf lange Sicht als Gruppe gesehen oft nicht besser als denen, die überhaupt nicht behandelt worden sind. Sicherlich kann ein biblisches Vorgehen von geistlichen Geschwistern bessere Resultate erzielen.

[1] Zilbergeld, Bernie; The Shrinking of Amerika: Myths of Psychological Change; Little, Brown, Boston/Toronto 1983, Seite 185

[2] ebenda, Seite 191

[3] ebenda, Seite 187

[4] Lambert, Michael J. and Bergin, Allen E.; The effectiveness of Psychotherapy; in: Bergin and Garfield: „Handbook of psychotherapy and behavior change", S. 142-183; New York, 1994

[5] Szasz, Thomas, The Myth of Mental Illness, deutsch: „Geisteskrankheit – ein moderner Mythos?"; 1972 Walter Verlag, Olten/Freiburg

[6] ebenda

[7] Dr. Mowrer bezieht sich auf 1.Mose 27, wo Esau sein wertvolles Erstgeburtsrecht für einen relativ wertlosen Linseneintopf verkauft.

[8] Glasser, William, Reality Therapy

[9] Crabb, Larry, „Die Last des anderen", 1984 Brunnen, Basel

[10] ebenda

[11] ebenda

[12] Bobgan, Martin and Deidre, „Psychoheresy", 1987 Eastgate Publishers, Santa Barbara CA, Seite 28

Fragen zum Selbststudium

1. Gibt es Gründe, warum wir die Ansichten von allen, die sich „christliche Seelsorger" nennen, prüfen sollten, anstatt sie kritiklos zu übernehmen? Warum genügt es nicht, daß sie Christen sind und versuchen anderen zu helfen, um ihnen zu vertrauen?

2. Welche Gründe gibt es, die Prinzipien der Bibel und der Psychologie nicht zu einem Ganzen zusammenzufügen? Ist nicht alle Wahrheit Gottes Wahrheit?

3. Was besagt das medizinische Modell in der Beschreibung der Probleme von Leuten, die „psychologische Störungen" haben? Würden Sie zustimmen oder widersprechen? Warum?

4. Fassen Sie die Beobachtungen folgender Fachleute zusammen, die sie über die psychologische Gilde gemacht haben. (Sie sind keine Christen.)

   a) Zilbergeld

   b) Durlak

   c) Mowrer

   d) Menninger

   e) Glasser

   f) Koch

Kapitel 3

Grundlegende Prinzipien der biblischen Seelsorge

Der christliche Glaube bewirkt die Veränderung des Lebens durch die Kraft Gottes. Zumindest in der Bibel verhält es sich so. Die Schrift deutet nicht an, daß irgendeine menschliche Weisheit oder Technik notwendig sei, um diese Veränderung zu bewirken. Daraus ergibt sich, daß biblische Seelsorge sich von der säkularen unterscheidet.

Deshalb überrascht es uns, wenn christliche Seelsorger offen zugeben, daß sie beide Systeme miteinander vermischen (wobei sie sich mehr auf das säkulare als auf das geistliche verlassen). Sie sehen keinen großen Unterschied. In den USA gibt es eine Gruppe von Psychologen und psychologischen Seelsorgern, angeblich echten Christen, die sich in CAPS, einer Vereinigung für psychologische Studien, zusammengeschlossen haben (CAPS = Christian Association for Psychological Studies). Auf einer Sitzung in Santa Barbara in Kalifornien im Jahr 1976 gaben sie folgende Erklärung ab: „Heutzutage gibt es keine annehmbare christliche Psychologie, die sich wesentlich von der nicht-christlichen Psychologie unterscheidet ... Es gibt keine akzeptable Theorie, Forschungsmethode oder Behandlungsweise, die besonders christlich ist.“ Seward Hiltner, ein Professor an der Princeton University, benutzt den Begriff „Pastoralseelsorge“ statt „christliche Seelsorge“, weil er davon ausgeht, daß Seelsorge die Aufgabe von vollzeitlichen Pastoren ist. In seinem Buch „The Counselor in Counseling“ (Der Seelsorger in der Seelsorge) bestätigt er die Auffassung von CAPS: „Was die Grundeinstellung, das Vorgehen und die Methoden betrifft, unterscheidet sich Pastoralseelsorge nicht von wirksamer Seelsorge, die von anderen Psychologen ausgeübt wird.“ Er meint, daß es „nur einen geringen Unterschied“ gibt, was den Ort der Seelsorge betrifft (Gemeindehaus), die religiösen Hilfsmittel, die einbezogen werden können (was auch immer er damit meint), und die „Dimensionen, in denen der Pastor alles menschliche Wachstum und alle menschlichen Probleme sehen muß“ (ein weiterer schwammiger Ausdruck). Nach seiner Überzeugung besteht kein grundlegender Unterschied. Diese beiden Aussagen sind viel ehrlicher als die der christlichen Seelsorger, die eine Vermischung befürworten und versuchen, uns zu überzeugen, daß es einen grundlegenden Unterschied gäbe.

Es mag stimmen, daß es kein Werk gibt, das systematisch klare Prinzipien aufzeigt, in denen[1] biblische Seelsorge sich von der weltlichen unterscheidet oder sich zumindest unterscheiden sollte. Welche Prinzipien wären das? Wir schlagen vor, daß folgende Erwägungen einbezogen werden sollten:

Das Wort Gottes ist die Grundlage. Dieser fundamentale Grundsatz muß ausgesprochen betont und beachtet werden. Wir sind in dem Sinn an die Bibel gebunden, daß Gläubige sich auf keine andere Autorität in gleicher Weise berufen können. Biblische Seelsorger dürfen nichts zulassen, das der Heiligen Schrift in irgendeiner Weise widerspricht oder sie abschwächt. Einen offenen Widerspruch gegen die Schrift können wir erst recht nicht akzeptieren, wenn er von Ungläubigen oder von antichristlichen Quellen stammt, und auch nicht von weltlichen Akademikern, so gelehrt sie auch sein mögen, oder von humanistischen Psychologen.

Gott erwartet, daß wir die Verantwortung für unsere Handlungen, unsere Worte und unsere Einstellung selbst übernehmen. Deshalb erwarten auch wir das in der Seelsorge von den Ratsuchenden. Wir können es nicht akzeptieren, wenn anderen die Schuld gegeben wird und wenn Entschuldigungen oder Ausreden für schlechtes Benehmen, verkehrte Einstellungen oder falsche Entscheidungen benutzt werden, wie plausibel sie auch klingen mögen. Ein weiser Mann erläuterte den Unterschied zwischen einer Begründung und einer Ausrede: „Eine Begründung gibt die logische Erklärung, warum sich etwas so zugetragen hat. Eine Ausrede versucht eine Handlung zu rechtfertigen und die Person von der Verantwortung zu befreien." Beide werden oft miteinander verwechselt. Außerdem ist zu beachten, daß eine angegebene Begründung auch eine durch eine Lüge getarnte Ausrede sein kann. Dieser Unterschied sollte von einem weisen Seelsorger erkannt werden.

Es gibt eine Unzahl von Theorien, wie und warum psychologische Probleme entstehen. Angeführt werden u.a.: 1. Soziale Unterdrückung und wirtschaftliche Ausbeutung durch die Machthaber, was von Marxisten, Sozialisten und auch von Psychologen, Soziologen, Sozialarbeitern etc. vertreten wird; 2. Umwelteinflüsse (Eltern, Entbehrungen, Zugehörigkeit zu einer Minderheit etc.); 3. Medizinische Gründe (chemische Veränderungen im Körper erzeugen „Geisteskrankheiten"); 4. Soziale Ursachen (Mangel an gesunden Beziehungen); 5. Persönlichkeit oder Einstellung (z.B. geringes Selbstbewußtsein); 6. Bildung (mangelnde Schulbildung oder Berufsausbildung). Diese Liste kann fast endlos fortgesetzt werden: fehlendes Wohlbefinden bei der Geburt; blockierte, nicht ausgelebte Gefühle aus der Vergangenheit; negatives Denken; zu hohe moralische Ansprüche, die Schuldgefühle verursachen oder die Vernachlässigung, die Tiefen des eigenen Unterbewußtseins zu erforschen. Alle diese Theorien versuchen, den Hilfesuchenden von jedem Gefühl der Eigenverantwortung zu befreien. Aber sie ignorieren die große Anzahl der Menschen, die im Leben vorankommen und Hindernisse durch Selbstdisziplin und richtige Entscheidungen überwinden, obwohl sie unter den oben erwähnten Nachteilen leiden. Überwinder weigern sich einfach, „Opfer“ der Umstände zu sein. Das trifft besonders auf Menschen zu, die wiedergeboren wurden und von Gott Kraft empfangen. Etliche von ihnen sind hervorragende Beispiele für Menschen, die trotz Drogensucht, einer kriminellen Laufbahn, Haft und zerbrochene Familien ihr Leben gemeistert haben. Das sind Bereiche, wo die Wirksamkeit des geistlichen Vorgehens gegenüber dem weltlichen sehr deutlich wird, obwohl im weltlichen Vorgehen ein weit größeres Heer an geschulten Fachkräften und bezahlten Mitarbeitern mit hohem Verwaltungsaufwand aufgefahren wird. Was die harten Fälle an Drogenabhängigen und Kriminellen betrifft, haben diese Fachleute fast überhaupt keinen Erfolg.

Biblische Seelsorge vertraut auf Gott, der die Menschen von innen her verändert. Das tut er mit Menschen, die bereit sind, sich seinem Willen zu unterwerfen. Das erfordert Glauben an das, was Gott in seinem Wort sagt, nicht einfach Glauben daran, daß der Glaube hilft, Glaube an sich selbst oder Glaube als ein abstraktes Prinzip. Die Veränderung im Inneren bewirkt der Heilige Geist, nicht ein Mensch, menschliche Kraft, eine bestimmte Technik oder „die Kraft des positiven Denkens“. Die meisten Seelsorger stimmen darin überein, daß Veränderung und echte Umwandlung, milde gesagt, sehr schwer zu erreichen ist. Darum ist Gottes übernatürliche Kraft dazu nötig, die in einem hingegeben Leben wirkt. Das geht weit über die Grenzen und das Vorstellungsvermögen der weltlichen Psychologie hinaus.

Seelsorger müssen in diesem Prozeß – genau wie die Ratsuchenden – vom Heiligen Geist kontrolliert werden. Da Gott offensichtlich Menschen zu diesem Dienst benutzen will, müssen sie seine Kanäle sein oder Werkzeuge in seiner Hand. Wer sich demütig von Gott als Kanal benutzen läßt, wird am besten die nötige Weisheit und Unterscheidungskraft bekommen, um das Problem und die Lösung zu finden. Wenn das stimmt, sind somit ungläubige Seelsorger und Psychologen disqualifiziert. Auch Geschwister, die nicht im Geist wandeln, wären dadurch stark in diesem Dienst behindert. Christliche Seelsorger könnten dazu neigen, irgendeinen „magischen Schalter" betätigen zu wollen, der dann die Veränderung im anderen bewirkt. Sie werden dann verbissen nach irgendeinem Schlüssel suchen, mit dem man aus dem Irrgarten herauskommt, oder nach des Rätsels Lösung. Der richtige Schlüssel ist eine Verbindung zwischen dem Ratsuchenden und Gott, der ihn verändert. Das trifft sowohl bei Entmutigung als auch bei sündigem Verhalten zu. Der Seelsorger sieht sich dabei am besten als eine Art Ratgeber oder Instrument in Gottes Hand, nicht als einen psychologischen Zauberer.

Unsere Instrumente oder die Waffen unserer Kriegsführung sind geistlich, nicht fleischlich (2Kor 10,4). Wir glauben an die Macht von ernsthaftem Gebet. Wir flehen inbrünstig zum Herrn und sind überzeugt, daß dadurch viel erreicht wird (Jak 5,16). Wir sind auch von der Macht von Gottes Wort überzeugt, das Herz und Gewissen trifft, wenn es richtig benutzt wird (Hebr 4,12). Damit ist nicht gemeint, daß man die Leute mit der Bibel vor den Kopf stößt, wie einige anscheinend denken. Es bedeutet, Menschen mit dem Wort Gottes zu konfrontieren und sie zu Veränderung aufzurufen. Ob sie sich dann ändern oder nicht, hängt nicht von unserer Aufforderung ab, sondern von der Kraft des Wortes in einem Herzen, das vom Geist angerührt wird. Der Seelsorger ist dabei ein geistliches Vorbild und die Gemeinde eine Gemeinschaft der Liebe, wo Heilung möglich ist. Am besten ist es, wenn diese beiden Faktoren zusammenwirken.

Unser Vorbild ist der Herr Jesus selbst, der wunderbare Ratgeber. Als Vorbild sollte keinesfalls ein berühmter Psychologe mit seinen menschlichen Methoden dienen, und schon gar nicht, wenn er kein Christ ist. Der Herr ist mitfühlend, freundlich und bereit, die zu erhören, die seine Hilfe annehmen wollen. In der Bibel waren das oft die Ausgestoßenen und Verachteten. Dazu gehörten die Armen (die nichts bezahlen konnten), die Behinderten und die Ungeliebten. Es machte ihm nichts aus, wenn er verspottet und gemieden wurde, weil er sich für solche Menschen Zeit nahm. Er hatte keine Angst, daß jemand ihn ablehnen würde, weil er die Wahrheit in Liebe redete. Er weinte über die vielen, die seine Worte ablehnten (Lk 19,41). Auf der anderen Seite hat er auch nicht gezögert, Menschen vor der Gefahr der ewigen Strafe zu warnen (Mt 25,46). Man kann sich kaum vorstellen, daß ein weltlicher Psychologe oder einer der vielen christlichen Seelsorger, die ihrem Beispiel folgen, so etwas tun würden.

Wir erkennen unsere Grenzen. Wir können nur denen helfen, die bereit sind, Gott zu gehorchen, oder sein Wort von uns, als seinen Dienern, annehmen wollen. Mangelnde Hingabe oder fehlende Bereitschaft, sich nach Gottes Wort zu verändern, kann von uns nicht einmal durch einen großen Zeitaufwand wettgemacht werden.

Wir sollten keine Angst vor dem Vorwurf haben, daß wir andere verurteilen, wenn damit gemeint wird, daß wir den absoluten Maßstab von Gottes Wort für menschliches Verhalten aufrechterhalten. Das ist ein Lieblingsargument der weltlichen Psychologie. Wir haben das Recht und die Pflicht, andere dazu aufzufordern, sich unter den Maßstab unseres Schöpfers bezüglich Recht und Unrecht zu stellen. In die Worte des Herrn, „Richtet nicht, damit ihr nicht gerichtet werdet“ wird oft zu viel hineingelegt. Wir sollen ein gerechtes Gericht richten (Joh 7,24). Wir sollen uns nicht an Gottes Stelle setzen oder uns mit anderen vergleichen, so daß wir dabei gut und sie schlecht wegkommen. Den wahren Maßstab bilden nicht andere Menschen, sondern der Herr Jesus. Manchmal wird auch Beurteilen, was äußerst nötig ist, mit Richten verwechselt. Niemand kann auch nur hoffen, anderen zu helfen, wenn er nicht wenigstens ein bißchen geistliches Beurteilungsvermögen besitzt. Gott befiehlt seinen Dienern, andere zu ermahnen, sie zurechtzuweisen und sogar Gemeindezucht auszuüben, wenn das nötig ist. Solche Verse wie Kolosser 1,28 („jeden Menschen ermahnen“), Kolosser 3,16 („ermahnt euch gegenseitig“), Römer 15,14 („einander zu ermahnen“), Titus 1,13 („weise sie streng zurecht“), 2.Timotheus 4,2 („strafe, ermahne“) sind nur einige, die uns zu zurechtweisenden Worten auffordern, die von manchen als „Richten“ verurteilt werden.

Wir sind der Meinung, daß biblische Seelsorger einige Dinge vermeiden sollten. Dazu gehört:

Wiederholte und ausgedehnte Seelsorgetreffen, oft über Monate oder Jahre hinweg, sind nicht ein Zeichen von Erfolg, sondern von Mißerfolg. Wer mit Seelsorge Geld verdient, profitiert natürlich davon. Die Diener des Herrn können es sich aber nicht leisten, Unmengen von Zeit in der Seelsorge mit denen zu verwenden, bei denen sich kein Erfolg oder wenig Fortschritt zeigt. Es kann zwei Ursachen haben.

Entweder hört der Hilfesuchende nicht auf den Rat und wendet ihn nicht an, oder der Seelsorger kann ihm durch sein Vorgehen einfach nicht helfen. Es kann sein, daß der Hilfesuchende sich besser fühlt, wie oft behauptet wird, und sogar endlos weiter über die Probleme reden will. Aber es gibt keine grundlegende Änderung. Das ist ein Zeichen dafür, daß man die Treffen zumindest unterbrechen oder ganz beenden soll. Es gibt viele Menschen, die gerne über ihre Probleme reden, aber nicht bereit sind, das Notwendige zu unternehmen, um sie zu lösen. Sie werden die Zeit und die Kraft der Mitarbeiter solange aufbrauchen, wie man sie gewähren läßt. Aber davon hat niemand etwas. Das bedeutet aber nicht, daß wir aufhören, für sie zu beten oder daß wir sie „abschreiben". Es bedeutet, daß man nicht vorankommt und weitere solche Treffen wohl auch nicht helfen werden. Vielleicht wachen sie auf, wenn man aussetzt.

Es hilft ihnen nicht weiter, wenn man ihnen erlaubt, Gott, anderen oder uns selbst, dem Seelsorger, die Schuld für ihre Probleme zu geben. Es ist auch nicht gut, den dankbaren Zuhörer für ihre Beschwerden und Anklagen zu spielen (Spr 11,13; 25,19; Mt 18,15). Wahrscheinlich sind die anderen nicht die Ursache der Probleme. Wie sich das auch verhalten mag, so kann eine erfolgreiche Lösung oder Verbesserung sehr wahrscheinlich durch eine Änderung im Verhalten oder in der Einstellung des Ratsuchenden bewirkt werden. Nicht wir, sondern er hat die letztendliche Verantwortung, das Problem zu lösen. Aus demselben Grund sollten wir auch kein Lob annehmen, wenn sich etwas verbessert. Gib Gott die Ehre, wenn sich wirklich etwas im Leben dieser Person geändert hat. Bestenfalls sind wir schlechte Werkzeuge in seiner Hand. Wir können den Ratsuchenden loben, wenn er bestimmte Prinzipien angehört und angewendet hat. Das tun sowieso nur die wenigsten bewußt. Das Hauptproblem ist nämlich, daß man nicht bereit ist, auf Rat zu hören.

Unser Maßstab ist das Wort Gottes, nicht humanistische Ansichten oder die säkulare Meinung der Psychologen. Wir sind bereit, so geduldig wie möglich die wildesten und schlimmsten Berichte anzuhören. Wir werden jedoch nicht die Verantwortung übernehmen, Gott zu spielen. Die Ratsuchenden sind gegenüber Gott als ihrem Schöpfer und Retter verantwortlich, nicht unserer menschlichen Beurteilung. Das Wort Gottes muß immer zwischen dem Seelsorger und dem Ratsuchenden stehen. Wenn es an der Zeit ist, die Wahrheit in Liebe zu sagen, so sollten wir es tun. Wir sollten nicht gegenüber eindeutig falschem Verhalten oder Unzucht schweigen, wenn Gott etwas dazu sagt. Die Wahrheit wird die Menschen frei machen, nicht einfach das Schweigen oder das Annehmen von ihrem Verhalten um der „Liebe" willen. Unsere Reaktion auf einen solchen Bericht sollte sicherlich nicht so sein wie die Reaktion des bestätigenden Seelsorgers, der nicht den Anschein des Richtens oder Verurteilens erwecken will. Wir halten es nicht für gefährlich, wenn jemand wegen falschem Verhalten Schuld empfindet. Wenn man sich wegen etwas offenbar Falschem nicht schuldig fühlt, ist man auf dem Weg zu noch ernsteren Problemen. Wenn die Schuld nur eingebildet und verkehrt ist, so müssen wir das mit Gottes Wort korrigieren. Viele empfindsame Menschen leiden darunter.

Zusammenfassend wollen wir sagen, daß es einen großen Unterschied zwischen biblischen und säkularen Prinzipien gibt. Wenn das nicht stimmt, warum sollte man sich dann die Mühe machen, jemanden seelsorgerlich zu betreuen? Dann kann man ihn doch einfach zu den Fachleuten schicken, wie etliche es auch vorschlagen. Wenn es Unterschiede gibt, sollten wir uns darüber klar werden, worin sie bestehen. Und dann sollten wir konsequent sein. Dieses Kapitel sollte uns noch mehr auf den Widerspruch zwischen dem weltlichen und humanistischen Vorgehen auf der einen und den biblischen Prinzipien auf der anderen Seite aufmerksam machen. Das bedeutet, daß wir uns auch vor der Gefahr von Synkretismus in acht nehmen müssen. Das war in der Vergangenheit immer ein tödlicher Einfluß in der Christenheit. Durch dieses unheilbringende Vorgehen werden Ideen und Konzepte aus zwei sich widersprechenden Systemen zu einem neuen Ganzen vereinigt, und damit wird das ursprüngliche System zerstört. Durch Synkretismus soll etwas Populäreres und Annehmbareres entstehen. Auf diese Weise sind viele Elemente des Heidentums mit dem christlichen Glauben vermischt worden. Es gibt sogenannte christliche Seelsorger, die die weltlichen Fachausdrücke benutzen oder sie hinter christlichen Bezeichnungen verstecken und das ganze mit aus dem Zusammenhang gerissenen Versen garnieren. Deshalb sollte man ihre Schriften nur mit großer Vorsicht lesen.

---

[1] [Anmerkung des Verlages: siehe dazu den letzten Absatz des zweiten Kapitels]

Fragen zum Selbststudium

1. Wie sollte sich Ihrer Meinung nach biblische Seelsorge von weltlicher Seelsorge unterscheiden? Was bedeuten in dieser Beziehung die Aussagen von den christlichen Psychologen in CAPS und von Seward Hiltner von der Princeton University?

2. Welche Entschuldigungen für falsches Verhalten haben Sie von Ratsuchenden gehört? Haben Sie die Entschuldigungen akzeptiert? Warum / warum nicht?

3. Was braucht ein gläubiger Seelsorger wirklich, um anderen wirksam helfen zu können?

4. Nennen Sie mindestens drei Dinge, die wir in der Seelsorge vermeiden sollten. Warum? Fallen Ihnen noch weitere Dinge ein?

Kapitel 4

Wünschenswerte Eigenschaften des biblischen Seelsorgers

Eigentlich kann jeder geistliche Christ hilfreichen Rat geben, wenn sich die Gelegenheit dazu ergibt. Zumindest sollte jeder dazu in der Lage sein. Indem man das tut, hilft man nicht nur den anderen, sondern verringert auch die Arbeitslast auf den Schultern derer, die auf diesem Gebiet größere Begabung haben. Sogar wenn genügend begabte oder professionelle Seelsorger zur Verfügung stünden, braucht doch sicher nicht jeder bei jedem auftauchendem Problem diese Art von Hilfe. Es gehört zu den Vorrechten einer Freundschaft, sich gegenseitig zu helfen. Alle Gläubigen sind dazu berufen. Solche Verse wie Kolosser 3,16 betonen, daß wir einander belehren und ermahnen sollen, und sie beziehen sich auf alle Geschwister. Von Jetro erhielt Mose den Rat, Männer auszuwählen, die sich um die kleineren Probleme kümmern sollten. Dadurch erhielt er Zeit, sich mit den schwierigeren Fällen zu befassen. Aber unter uns ist es nicht nötig, daß man eine besondere Berufung erhält, um auf dieser Ebene mitzuarbeiten.

Der Apostel Paulus fragte: „Also nicht ein Weiser ist unter euch, auch nicht einer, der zwischen Bruder und Bruder entscheiden kann?“ (1Kor 6,5). Dadurch zeigt er, daß in einer Gemeinde mehr als eine Person da sein sollte, die in der Lage ist, Konflikte zu lösen oder sich um schwierige Angelegenheiten zu kümmern. Welche Fähigkeiten sollten sie besitzen?

Es ist klar, daß sie das Vertrauen der anderen Geschwister haben sollten. Das gründet sich auf einen geistlichen Wandel, eine gut geführte Familie, eine zurückhaltende Zunge und den guten Ruf, daß sie helfen können und sich dafür die Zeit nehmen. Solche Helfer sind keineswegs solche, die sich überall aufdrängen (2Thes 3,11; 1Tim 5,13) oder die herumgehen und sich ungebeten in anderer Leute Angelegenheiten einmischen. Sie erteilen keine unerbetenen Ratschläge und betreiben keine Nachforschungen über Angelegenheiten, die sie nichts angehen. Das ist eher hinderlich als hilfreich. Wenn Ehebruch oder eine andere schwere Sünde vorliegt, die die Gemeinde betrifft, so müssen die Ältesten eingreifen, ob sie darum gebeten werden oder nicht. Im allgemeinen ist es besser, sich nicht aufzudrängen, sondern zu warten, bis man um Rat gefragt wird.

Es liegt auch auf der Hand, daß Unterscheidungsvermögen eine wichtige Voraussetzung für wirksame Seelsorge ist. Geistliches Unterscheidungsvermögen ist eine besondere Fähigkeit, die Gott gibt, damit man mehr als das Offensichtliche sehen und auch verborgene Dinge erkennen kann. Man nennt das auch Wahrnehmungsfähigkeit. Normale Beobachter hören Worte, nehmen das äußerliche Erscheinungsbild wahr und akzeptieren die Dinge so, wie sie präsentiert werden. Viele nehmen zum Beispiel bereitwillig an, was der Ratsuchende über das Problem und seine Ursachen sagt. Eine Person mit Urteilsvermögen kann dagegen eine Situation auf eine Weise beurteilen, die nicht immer erklärt oder begründet werden kann. Es könnte sein, daß sie Dinge durch geistliche Intuition oder wegen ihrer Erfahrung wahrnimmt. Das trifft auf das Entdecken von Lügen oder Vorwänden zu. Es kann auch sein, daß die Ratsuchenden sich selbst getäuscht haben. Man beobachtet, daß Gläubige, die ansonsten sehr geistlich sind, manchmal wenig über Unterscheidungsvermögen verfügen und recht naiv sind. Vielleicht liegt es daran, daß sie über andere nur das Beste glauben wollen. Unterscheidungsvermögen kann man nicht durch Unterricht oder durch ein Buch lernen. Gläubige können versuchen, geringe Urteilskraft zu stärken, indem sie sich bewußt bemühen, ihre Naivität oder Leichtgläubigkeit abzubauen. Man sollte auch die Weisheitsliteratur der Bibel, wie Sprüche, eifrig studieren und darüber nachdenken. Man kann über längere Zeit hin täglich ein Kapitel lesen. Viel kann man auch beim Nachdenken über das Verhalten, die Worte und die Fragen des Herrn Jesus lernen. Er ist der weiseste Mensch, der je gelebt hat. Erfahrung ist auch ein ausgezeichneter Lehrer, aber das Lehrgeld ist hoch. Damit ist gemeint, daß es uns viel kostet, auf diese Weise zu lernen.

Sehr wichtig ist die Fähigkeit, ein liebendes und echtes Interesse an Menschen zu haben, auch an denen, die nicht so liebenswürdig oder bewundernswert sind. Bestimmte Menschen nennen wir Beziehungstypen, weil sie mit allen und alle mit ihnen gut zurechtkommen. Der Herr Jesus war so: Die Volksmengen bewunderten ihn und „hörten ihn gern". Wer lieber für sich allein ist und nicht gerne über private Dinge redet, wird wohl meist keine guten Fähigkeiten entwickeln, anderen so nah zu kommen, daß sie ihn ins Vertrauen ziehen oder um

Rat fragen. Wir können und sollten uns bemühen, kontaktfreudiger und offener zu werden. Vorher werden wir wohl nicht in der Lage sein, in der Seelsorge mitzuarbeiten.

Wenn unser Dienst eine Hilfe sein soll, muß man in der Lage sein, die eigenen Gefühle zu kontrollieren. Wenn man keine Selbstbeherrschung üben kann, werden sich die Probleme verschlimmern. Konflikte können gelöst werden, wenn wir mit der Situation gefaßt und entschlossen umgehen. Zorn ist eines dieser Gefühle, die wir unter Kontrolle halten müssen. Es gibt viele Gründe, warum wir zornig werden, und einige davon sind sogar berechtigt. Die Schrift sagt aber: „Eines Mannes Zorn wirkt nicht Gottes Gerechtigkeit." Die Sprüche sind voller Warnungen vor Jähzorn (z.B. Spr 15,18; 22,24). Ungeduld ist ein weiteres Beispiel. Gott ist langmütig gegen uns. Wie dankbar sollten wir ihm doch dafür sein. Wir sind schlechte Nachahmer Gottes, wenn wir nicht geduldig sind. Niedergeschlagenheit oder Verstimmung kann in die Freude des Herrn umgewandelt werden, wenn wir unsere Einstellung ändern oder das Wort neu auf uns beziehen. Wenn der Herr nicht Freude in unser eigenes Leben bringt, wie wollen wir dann anderen zur Freude am Leben verhelfen? Selbstbeherrschung, ein Resultat eines geisterfüllten Lebens (Gal 5,23), wird auch in vielen anderen Bereichen benötigt. Eine Liste mit Bereichen, wo wir sie brauchen, könnte dabei hilfreich sein.

Biblische Seelsorger, wie der Name ja schon sagt, müssen natürlich sowohl im Herzen als auch im Gedächtnis mit den Worten der Bibel erfüllt sein. Sie sind darin „gewurzelt und gegründet". Wenn sie mit anderen reden, kommt es aus ihrem Mund hervor, weil es im Herzen im Überfluß vorhanden ist. In der Seelsorge sollten wir uns oft auf das Wort beziehen. Bitte die Ratsuchenden, bestimmte Verse vorzulesen und sie zu erklären. Es genügt nicht, wenn man seine Ideen mit Bibelversen dekoriert, sie unsicher zitiert, oder wenn man andere mit der Bibel vor den Kopf schlägt. Besprich den Vers im Zusammenhang der ganzen Schrift. Lade den Ratsuchenden ein, den Vers auf sich anzuwenden. Finde heraus, ob echtes Verständnis vorhanden ist, das der Heilige Geist bewirkt hat. Haben sie es sich zu Herzen genommen? Ist an ihrem Horizont das Licht der Überführung aufgegangen, oder reift die Frucht einer bestimmten Überzeugung? Achte dabei nicht in erster Linie auf intellektuelles Verständnis, obwohl auch das wichtig ist. Versuche über die intellektuelle Ebene hinauszukommen, bis dahin, wo sie den Bezug der Wahrheit zu ihrem eigenen Leben erkennen. Dafür mag mehr als ein Treffen nötig sein, aber man sollte sich von Anfang an in diese Richtung bewegen.

Wer Seelsorger werden will, sollte sich die Frage gefallen lassen: „Wie wirksam war dein Dienst in diesem Bereich bisher? Wem hast du effektiv geholfen, sein Problem loszuwerden?“ Natürlich kann es sein, daß einige den Seelsorger ständig aufsuchen, um immer wieder ihr Unglück zu erzählen. Sie mögen vielleicht sagen, daß sie sich besser fühlen, nachdem sie darüber reden konnten. Aber bis zu welchem Grad haben sie ihre Schwierigkeiten wirklich überwunden, ihr Verhalten und ihre Einstellung geändert? Wollen sie, daß man ihre Umstände oder ihre Mitmenschen verändert? (Das ist häufig der Fall.) Verstehen sie jetzt, daß Gott nicht soviel daran liegt, unsere Umstände zu verändern, als vielmehr uns zu verändern? Manchmal sausen die Seelsorger herum, sprudeln vor Begeisterung und berichten darüber, mit wieviel Leuten sie sich treffen. Aber es scheint bei diesen Personen kaum objektive Veränderungen zu geben. Wenn der Seelsorger erfolgreich war, warum sind dann immer mehr und mehr Treffen notwendig, warum sind die Probleme immer noch da? Die Ratsuchenden sind jedenfalls fast immer begeistert, auch wenn es nur geringe Anzeichen einer Veränderung gibt. So sind sie halt meistens. Zilbergeld sagt, daß es schwierig sein wird, einen Hilfesuchenden dazu zu bringen, negativ über einen Psychologen, einen Psychiater oder eine Selbsthilfegruppe zu reden. Die Begeisterung des Behandelnden überwiegt gewöhnlich gegenüber den objektiven Beweisen für eine erfolgreiche Behandlung, egal welches System er benutzt. Gewöhnlich kann niemand ihre Arbeit nachmachen. Oft sind wir zu sehr von unseren Methoden überzeugt. Aber der weise und erfolgreiche Seelsorger wird Gott die Ehre geben, wenn sich wirklich etwas beim Ratsuchenden verändert hat.

Seelsorger brauchen ein gut ausgewogenes Leben, das neben der Seelsorge noch viele andere Bereiche umfaßt. Wenn man sich regelmäßig mit Leuten befaßt, die etwas durcheinander sind, entwickelt man bald die Einstellung, daß jeder irgendwie gestört ist. Manchmal wird man von ihren besonderen Einstellungen und Eigenheiten innerlich verbraucht. Das könnte der Grund sein, warum viele Psychologen und Psychiater bei ihren Kollegen und sogar in der Öffentlichkeit den Eindruck erwecken, als seien sie selbst ein bißchen neben der Mütze.

Man macht deshalb viele Witze über sie. Die Selbstmordrate unter ihnen ist am höchsten im Vergleich mit allen, die beruflich mit „Geisteskrankheiten“ zu tun haben. Diese Fachleute weisen auch hohe Quoten bei anderen Problemen auf, z.B. hohe Scheidungsrate und Zerrüttung der Familie. Um eine gesunde Sicht vom Leben zu behalten, geistlich ausgewogen und freudig zu sein, muß der Seelsorger ein gutes Familienleben führen und braucht Zeit zur Erholung und Gemeinschaft mit Leuten, die ein normales Leben führen, ohne regelmäßiges Auf und Ab.

An den Universitäten und beruflichen Fachschulen scheinen viele Studenten sich aus unerwarteten Gründen für diese Fächer zu interessieren. Wenn man sie fragt, so geben sie zu, daß sie die Kurse besuchten oder diesen Beruf ergriffen, weil sie den Wunsch hatten, sich selbst besser zu verstehen oder ihre eigenen Probleme zu lösen. Das ist wahrscheinlich nicht der beste Grund, diese Kurse zu besuchen. Am Ende können solche Studenten verwirrter sein als vorher, und tatsächlich ist das auch oft der Fall. Ein junger Freund von mir, der Pastor werden wollte, bekam den Rat, auch Kurse in Psychologie zu belegen, um sich auf seine Aufgabe vorzubereiten. Der einzige Kurs, wo er sich noch einschreiben konnte, war ein Seminar über Fälle von extremen Verhaltensstörungen. Als der Professor fragte, wer selbst solche Probleme hat wie die, die im Kurs behandelt werden, meldeten sich alle Teilnehmer außer meinem Freund. Das hat ihn sehr überrascht.

Wer noch immer versucht, seine eigenen Probleme zu lösen, was das auch sein mag, ist zumindest an diesem Punkt seines Lebens nicht so gut geeignet, um jemanden biblisch weiterzuhelfen. Wenn aber jemand durch Gottes Kraft ganz vom Alkoholismus losgekommen ist, so ist er oder sie oft besonders gut in der Lage, denen zu helfen, die ähnliche Probleme haben. Wenn man noch mit Problemen in der eigenen Ehe ringt, ist es nicht weise zu versuchen, anderen seelsorgerlich in der Ehe helfen zu wollen. Es ist töricht zu versuchen, anderen in einem Bereich zu helfen, wenn man nicht auf einen Lebensabschnitt im Sieg ohne Rückfall zurückschauen kann. Ein Beispiel dafür ist der Drogensüchtige, der kurze Zeit clean ist und nun versucht, anderen zu helfen. Bald ist er wieder drauf und ein schlechtes Vorbild für die, denen er helfen wollte. Man sollte beachten, daß man selbst für längere Zeit Sieg hat, bevor man jemanden mit ähnlichen Schwierigkeiten helfen will. Hier ist Zurückhaltung gefordert, bis einem die Anforderungen dieses Dienstes und die eigene Schwachheit mehr bewußt sind. In Jakobus 3,1 finden wir eine interessante Warnung: „Werdet nicht viele Lehrer, meine Brüder, da ihr wißt, daß wir ein schwereres Urteil empfangen werden." Wenn man das Wort Seelsorger für Lehrer einsetzt, wird man die Wichtigkeit dieser Aussage besser verstehen.

Dies alles wurde nicht gesagt, um die zu entmutigen, die dafür qualifiziert sein könnten und echtes Interesse am Helfen haben. Wir wollen aber, daß diese Aufgabe mit Realismus betrachtet wird und nicht so schillernd, wie sie erscheint. Es ist einfach eine Warnung und eine Erläuterung, um was es dabei geht. Wir brauchen mehr Geschwister, die bereit sind, diese Verantwortung in der örtlichen Gemeinde auf sich zu nehmen und zumindest bis zu einem gewissen Grad mitarbeiten können. Dabei muß jedoch klar sein, was man da macht und warum man es tut. Man braucht mit Sicherheit einige Grundprinzipien, nach denen man sich richten kann, wie wir schon skizziert haben. Unsere Motivation spielt dabei ebenfalls eine wichtige Rolle. Erwäge das Beispiel des Herrn Jesus, wie er sich selbst hingab und aufopferte. Das wäre ein ausgezeichneter Anfang. Er half den Menschen nicht aus dem Grund, um sich selbst besser zu verstehen oder einen Gewinn daraus zu ziehen. Er gab den Menschen nicht einen regelmäßigen Termin, sondern er liebte sie und gab sich selbst.

Fragen zum Selbststudium

1. Was brauchen Sie selbst Ihrer Meinung nach, um andern zumindest mit den grundlegendsten Problemen wirksam helfen zu können? Warum?

2. Es ist nötig, Fehler und die zur Veränderung notwendigen Handlungen zu erkennen. Wie würden Sie Ihre eigenen Fähigkeiten dazu beurteilen? Was behindert Ihr Unterscheidungsvermögen?

3. Wie bewerten Sie Ihre Versuche, anderen in der Vergangenheit seelsorgerlich zu helfen? Warum waren Sie erfolgreich oder erfolglos?

4. Denken Sie, daß Sie anderen in einem bestimmten Bereich automatisch aus dem Grund helfen können, weil Sie selbst darin Probleme hatten? Begründen Sie Ihre Antwort.

Anhang

Grundlegende Tips für den Seelsorger

1. Sprechen und handeln Sie in einer freundlichen und fürsorglichen Art (Mk 1,41; 5,19; 6,34; 8,2). Ihre Einstellung und Handlungsweise ist wichtig.

2. Sprechen und handeln Sie als ein Diener und Helfer (Joh 13,3-5). Sie sind kein Richter oder Kritiker.

3. Hören Sie sorgfältig zu, um sich aller Details einer Situation sicher zu sein (Spr 18,13). Finden Sie heraus, welches die dringendste Not (geistlich, praktisch, zeitlich) des Ratsuchenden ist.

4. Ermitteln Sie, was der Ratsuchende tun muß, fordern Sie ihn heraus, testen Sie seine Bereitwilligkeit.

5. Lösen Sie vielschichtige Probleme in kleine Teile auf, bevor Sie versuchen, alles auf einmal zu lösen.

6. Lehnen Sie Tratsch, Gerüchte und Beschwerden über andere ab (Spr 11,13; 20,19; 26,20; Mt 18,15).

7. Bauen Sie auf das Wort Gottes in Angelegenheiten des Lebens, von Haltungen und Verhalten (Mt 7,24-27). Benutzen Sie das Wort Gottes und seine Prinzipien als Ihre einzige sichere Richtlinie – nicht Ihre Erfahrungen, Gedanken, Überzeugungen oder die neuesten Bücher.

8. Beharren Sie auf die Notwendigkeit verantwortungsbewußten Verhaltens und Einstellung, gleichgültig, was andere tun oder in der Vergangenheit getan haben (Lk 6,29-29). Gott interessiert unsere Reaktion auf Situationen auch in schweren Prüfungen. Akzeptieren Sie keine Schuldabschiebungen.

9. Zeigen Sie dem Ratsuchenden, wie er die nötigen Bedingungen, die Gott für seinen Segen und seine Hilfe stellt, erfüllen kann. Machen Sie ihn auf die Gefahr aufmerksam, wenn er das Wort Gottes nicht beachten.

10. Ermitteln Sie, welche weitere Personen um Rat gefragt wurden, was geraten wurde, und was als Resultat getan wurde (Spr 12,15). Lassen Sie sich nicht von solchen mißbrauchen, die nur jemanden suchen, der ihnen sagt, was sie hören wollen.

11. Lehnen Sie es ab, Verantwortung für Entscheidungen und Konsequenzen zu übernehmen, die eigentlich andere übernehmen sollten.

12. Passen Sie auf, wie Sie korrigieren:
    - Seien Sie sich ihrer Grundlage und Information sicher.
    - Gebrauchen Sie richtige biblische Autorität und Prinzipien.
    - Seien Sie ein Vorbild in allem, was Sie vorschlagen.
    - Weisen Sie darauf hin, wo andere nicht dementsprechend handeln.
    - Lassen Sie sie wissen, daß sie glauben, daß sie in diesem Bereich so reagieren und handeln können.

13. Behalten Sie den Herrn Jesus im Zentrum des Gesprächs.

Kapitel 5

Verschiedene Situationen in der Seelsorge

Nicht einmal zwei Fälle in der Seelsorge werden genau gleich sein. Sie können sich sogar so sehr unterscheiden, wie sich die Menschen selbst voneinander unterscheiden. Dadurch wird der Verlauf der Seelsorge zwar interessanter, aber auch weniger vorhersehbar. Die Grundprinzipien sollten gleich bleiben, und man sollte sie gut verstanden und im Griff haben. Jedoch kann man die Art und Weise des Vorgehens in jeder Situation modifizieren. Wir lehnen die „Salatbar-Methode" ab, das Auswahlverfahren, wobei man das benutzt, was funktioniert, egal ob es den biblischen Prinzipien entspricht oder nicht. Wenn man das vermeidet, wird man auch der weit verbreiteten Mode widerstehen, immer dem neuesten psychologischen Trend, der sogenannten populären Psychologie, nachzurennen. Die Annahme, daß eine neue Idee auch immer besser ist, ist falsch, ganz besonders wenn es dabei um den Bereich des menschlichen Verhaltens geht.

Wenn die Ratsuchenden nicht von selbst erzählen, warum sie Hilfe oder Rat von uns wollen, bitte sie, es so kurz und bündig wie möglich zu erklären. Von einigen wird das „Präsentationsproblem" genannt. Ob es nun in diesem Fall das wichtigste Problem ist oder nicht, so sollte es jedenfalls nicht ignoriert werden. Es kann einen wichtigen Teil in unserer Beurteilung des Falles spielen, was die Leute selbst für ihr Problem halten.

Um die Situation zu beleuchten und die Fakten für das Gespräch auf den Tisch zu bringen, könnten die folgenden drei Fragen hilfreich sein. Man kann die Fragen auf verschiedene Weise umschreiben, aber der Inhalt sollte gleich bleiben.

Wo ist man jetzt?

Mit anderen Worten: Was geschieht aus deiner Sicht in deiner Situation? Was beunruhigt dich daran? Wie beurteilt man die Situation? Wer ist sonst beteiligt? Was ist in deinen Augen daran gut oder schlecht? Dies könnte auch Gelegenheit bieten, tiefer nachzufragen und den Hintergrund zu entdecken, warum sie das Problem auf diese Weise sehen. Wann hat das alles angefangen? War das überhaupt richtig, so zu handeln? Was hält man für die Ursachen? Es ist dabei nicht notwendig, die unbewußten Gefühle bis zum Mutterleib zurückzuverfolgen, wie einige vorschlagen. Vergiß nicht: Die Frage „Was ist jetzt zu tun?" ist wichtiger als all die vermuteten Ursachen. Man kann die Vergangenheit nicht ungeschehen machen.

Wo will man gerne hin?

Wenn sie nun mit der Situation unzufrieden sind: Was muß sich ändern, besonders in bezug auf ihren eigenen Umgang mit der Situation? Man kann als Seelsorger nicht immer auch auf die anderen Leute Einfluß nehmen, die in das Problem verwickelt sind. Man kann auch nicht ihre Situation verändern. Aber das könnte vielleicht ihre eigene Aufgabe sein. Wo möchte der Ratsuchende gerne hin, in seiner Beziehung zu Gott, zu Familienmitgliedern oder anderen Menschen? Wenn man fragt, was die Leute im Leben eigentlich erreichen wollen, antworten die meisten: „Ich will glücklich sein." Aber was muß sich dazu verändern? Das ist auch eine gute Gelegenheit für die Ratsuchenden, einmal klar zu formulieren, wie sie gerne in ihrer Beziehung zu Gott wachsen wollen.

Was kann ich tun, um zu helfen?

Laßt sie ausführen, was sie von uns an Rat oder praktischer Hilfe erwarten. Dadurch wird ihnen geholfen, einmal klar zu überlegen, warum sie überhaupt zu uns gekommen sind. Suchen sie nur jemand, der ihnen zuhört, während sie Dampf ablassen, sich endlos beschweren und andere kritisieren? Sehen sie sich selbst wie einen Meinungsforscher, der uns neben vielen anderen befragt? Suchen sie nur nach jemanden, der ihre Ansicht teilt oder unterstützt? Hoffentlich kamen sie mit dem Wunsch zum Zuhören sowie mit der Bereitschaft, sich zu verändern.

Nach unserer Überzeugung ist es das Wichtigste, die Beziehung des Ratsuchenden zu Gott zu beleuchten. Es kann dabei ein ganzes Stück weiterhelfen, jemanden eine allgemeine Frage über seine früheren religiösen Erlebnisse oder seinen Gemeindehintergrund zu stellen. Die meisten Leute, mit denen man es zu tun haben wird, werden sich irgendwie als Christen bezeichnen. Sie mögen auch behaupten, gerettet zu sein oder den Herrn angenommen zu haben. Man sollte besonders darauf achten, wie sie ihre Bekehrung beschreiben – wann und wie sie stattgefunden haben soll. Oft hört man dann als Grundlage ihrer Errettung irgendwelche Kindheitserlebnisse oder Gebete zum Herrn. Man könnte dann fragen: „Wie ging es dann weiter?" Hat eine Veränderung in ihrem Leben stattgefunden, ein Abwenden von einem sündigen Leben und schlechten Einflüssen? Haben sie danach in gewissem Maß so wie früher gelebt, oder sind sie später zu ihren sündigen Gewohnheiten zurückgekehrt? Wenn sie nicht aufgehört haben, in Unzucht zu leben, Drogen oder Alkohol zu nehmen oder andere zerstörerische Gewohnheiten zu praktizieren, dann muß man sie auf einige Verse im NT aufmerksam machen, die sie bedenken und eventuell auf sich anwenden sollten. Dazu könnte man u.a. 1.Johannes 2,3-5; 3,4-10; Matthäus 7,21-23 benutzen. Frag nach, wie sie sich sicher sein können, errettet zu sein, wo sie doch in Sünde anstatt in Gerechtigkeit gelebt haben. Die Bibel sagt uns, daß wir uns untersuchen sollen, ob wir im Glauben sind (2Kor 13,5). Die Warnung davor, daß es die Möglichkeit gibt, sich selbst etwas vorzumachen, wird in der Schrift häufig wiederholt (Eph 5,5.6; Gal 5,19-21; 1Kor 6,9.10).

Gewöhnlich wird dann dagegen gehalten, daß niemand vollkommen ist. David und Petrus werden als Beispiel dafür benutzt. Das stimmt natürlich. Wir erwarten auch nicht sündlose Vollkommenheit, sondern wir reden von dem Leben in Sünde, besonders in den oben aufgeführten gesetzlosen Beispielen. In 1.Johannes lesen wir, daß es deutlich ist, wer Kinder Gottes sind und wer die Kinder der Teufels. Wie? Nach der Schrift ist es deutlich an dem, wie sie leben oder wie sie eben nicht leben. Jesus sagte: „An ihren Früchten sollt ihr sie erkennen."

Das alles bedeutet nicht, daß man mit unfehlbarer Sicherheit entscheiden kann, ob jemand gerettet ist oder nicht. Wir haben keine Kopie vom Buch des Lebens, worin all die Namen der Erlösten aufgeschrieben sind. Alles, was wir tun können, ist, sie höflich dazu zu bewegen, noch einmal darüber nachzudenken, ob ihr Bekenntnis, an Christus zu glauben, echt ist oder nicht. Man kann kein christliches Leben führen, nur weil man einmal bei einer Evangelisation nach vorne gegangen ist oder ein Gebet gesprochen hat. Man kann dem Beispiel des Herrn nicht ohne die Kraft des Heiligen Geistes folgen. Das ist eine Grundlage, die leider zu wenig beachtet wird.

Wer vorgibt, bekehrt zu sein, und wo das auch durch sein Leben einigermaßen bestätigt wird, könnte nach seiner Nähe zu Gott gefragt werden. Arbeitet er in ihrer Gemeinde mit? Liest er regelmäßig die Schrift und betet er? Wandelt er im Licht, als Nachfolger des Herrn? Das sind wichtige Voraussetzungen, um Gottes Segen reichlich zu genießen. Gnade ist eine Gunst von Gott, die wir nicht verdient haben, aber Gnade ist keine Erlaubnis, so zu leben, wie es uns gefällt. Viele von den Segnungen Gottes, wie zum Beispiel Gebetserhörung, sind an Bedingungen geknüpft.

Es gibt viele Arten von Seelsorgefällen. Nicht bei allen liegt Sünde vor. Zum Beispiel suchen einige Leute Rat für eine anstehende Entscheidung. Andere brauchen Hoffnung und Ermutigung wegen einem Trauerfall, weil der Partner oder die Eltern sie im Stich gelassen haben, wegen schweren Enttäuschungen oder Schicksalsschlägen. Durch enttäuschte Liebesbeziehung können manche am Boden zerstört sein. Manche brauchen praktische oder irgendeine besondere Hilfe, und man kann ihnen zeigen, wer ihnen weiterhelfen wird. Diese allgemeinen Fälle können in die folgenden Kategorien eingeteilt werden. Zu jeder Kategorie führen wir auch einige Beispiele und Ratschläge an.

Helfende Seelsorge – um Erschütterte zu stabilisieren und sie zu unterstützen; um Menschen zu helfen, wieder neue Kraft zu schöpfen; um mit ernsten Prüfungen wirksam umgehen zu können.

Beispiele: Todesfälle, ernste Krankheiten, Zerbrechen der Verlobung oder Ehe etc.

Aufgabe des Seelsorgers: beruhigen, ermutigen, Trost, Rat durch Gebet und Wort, damit ihr Glauben und ihr Vertrauen auf Gott gestärkt wird.

Gefahren für den Seelsorger: wachsende Abhängigkeit vom Seelsorger; überlange und übertriebene Trauer.

Konfrontierende Seelsorge – um jemand dazu zu bringen, Sünde oder ein Problem zu erkennen und etwas dagegen zu unternehmen.

Dazu gehört Bekenntnis, Wiederherstellung und das Einüben von guten Gewohnheiten, um ähnliche Probleme in Zukunft zu vermeiden.

Beispiele: Unzucht oder andere Übertretungen von Gottes Geboten; dazu kann gehören, daß jemand Spaltungen verursacht, Streit nicht beilegt, sich weigert zu arbeiten oder mit Geld nicht verantwortlich umgeht.

Aufgabe des Seelsorgers: Lege dem Ratsuchenden die Beweise für seine Sünde vor, damit er sie zugibt und bekennt. Ermutige zum Bekennen, Wiedergutmachen und zu verantwortlicher Veränderung. Betone Gottes Bereitschaft zum Vergeben und die Notwendigkeit unserer Bereitschaft, anderen zu vergeben. Hilf ihnen, durch Gebet, Gottes Wort und christliche Gemeinschaft geistlich zu wachsen. Hilf ihnen, Selbstdisziplin und gesunde Lebensgewohnheiten einzuüben.

Gefahren für den Seelsorger: mit den Ratsuchenden arrogant oder von oben herab umgehen; die Person wegen ihrer Sünden ablehnen; sich selbstgerecht verhalten; ihnen nicht konkret helfen, ihr Verhalten zu ändern, wenn sie selbst dazu bereit sind.

Informative Seelsorge – helfen, die notwendigen Fakten als Grundlage für Entscheidungen zu bekommen; zeigen, wie man Gottes Willen erkennt und wie man richtige Entscheidungen fällt; notwendige Information oder Quellen zur Verfügung stellen, die hilfreich sind, um Verhaltensänderung herbeizuführen; auf zukünftige Veränderungen vorbereiten.

Beispiele: Rat wegen Berufswahl; Seelsorge zur Ehevorbereitung; Fragen zur Bibelauslegung; Verwechslung verschiedener Anweisungen für das christliche Leben.

Aufgabe des Seelsorgers: Gelegenheit zum ausführlichen Besprechen der Fragen geben; geeignete Informationsquellen empfehlen; gute Einstellungen und die Bereitschaft zum Gehorsam loben; Vorschläge machen oder Fragen stellen, die helfen, die notwendigen Schritte zu durchdenken; achte auf Anzeichen für Verborgenes.

Gefahren für den Seelsorger: Abhängigkeit vom Seelsorger entsteht; die Vorstellung, daß Information schon die nötige Änderung bewirkt;

den Ratsuchenden manipulieren oder beherrschen, anstatt ihm zu helfen, die nötigen Entscheidungen selbst zu treffen; sich zuviel auf die eigenen Fachkenntnisse einbilden.

Vorsorgende Seelsorge – Probleme vorhersehen, bevor sie entstehen; oder die Verschlimmerung vorhandener Probleme verhindern.

Beispiele: enge freundschaftliche Beziehungen, die zu Sünde oder unüberlegtem Heiraten führen könnten; Entstehen von Spaltungen oder Verbitterung wegen eines Streits; Krisen in der Gesundheit, in der Ehe, Arbeit oder Gemeinde; größere Veränderungen im Leben wie Studien- oder Berufsanfang, Wehrdienst oder Ruhestand.

Aufgabe des Seelsorgers: Wachsamkeit für mögliche Probleme und Gefahren; andere vor solchen Gefahren warnen; beim Besprechen von verschiedenen Aspekten von potentiellen Problemen taktvoll bleiben; gib nicht den Anschein, allwissend zu sein; bedenke alternative Lösungen.

Gefahren für den Seelsorger: zu lange warten, während das Problem ernster wird; die Situation zu sehr dramatisieren oder zu schwarz malen.

Seelsorge in geistlichen Problemen – führt die Menschen dazu, Lösungen zu den Problemen des Lebens zu finden; behandelt Wert, Sinn und Ziel des Lebens; hilft ihnen zu lernen, wie man durch Wandel mit Christus geistlich wächst.

Beispiele: Menschen zum Herrn führen, bei dem sie Vergebung finden; Leuten beibringen, wie man geistlich wächst; behandelt Heilsgewißheit, Unglaube, Leere, falsches Verständnis von biblischer Lehre oder andere Punkte, wo sie in bezug auf die Bibel und das geistliche Leben unklar oder verwirrt sind.

Aufgabe des Seelsorgers: Ermutige zu offener Darlegung ihrer Probleme, Sorgen oder Zweifel; sei ehrlich und vermeide Oberflächlichkeit; sei bereit, Probleme zu erörtern, Fragen aufzuwerfen und zu konfrontieren; benutze die Schrift und Gebet; mache ihnen ihre geistliche Not deutlich und lehre die Tatsachen über Wiedergeburt, geistliches Wachstum oder andere angebrachte Wahrheiten.

Gefahren für den Seelsorger: Verallgemeinerungen durch Klischees wie „Lerne einfach, dem Herrn zu vertrauen"; die wirklichen Probleme oder Fragen werden nicht in ausführlicher Weise behandelt; hinter theologischen Fragen verbergen sich oft andere Probleme; man darf nicht alle Probleme automatisch unter die Kategorie „Sünde" einreihen.

Weiterleitende Seelsorge – spezielle oder erfahrenere Personen oder Quellen einbeziehen, um Menschen weiterzuhelfen.

Beispiele: medizinische Versorgung oder Untersuchungen, Rat eines Anwalts, finanzielle Hilfe oder ähnliche Probleme. Menschen, deren Probleme über Deine Möglichkeiten hinausgehen, oder Personen, für die wir aus irgendeinem Grund eine Abneigung empfinden.

Aufgabe des Seelsorgers: die Information für spezielle Hilfe kennen und wissen, wie man nötigenfalls damit in Verbindung tritt; hilf dem Ratsuchenden den Wert der Weiterleitung zu erkennen und sich nicht abgelehnt zu fühlen; sei taktvoll und höflich.

Gefahren für den Seelsorger: nicht weiterzuleiten, wenn man nicht die besondere Fähigkeit oder Zeit zum Helfen hat; zu schnell weiterleiten oder in einer Weise, die den Eindruck von Ablehnung hinterläßt; versäumen, die geistliche Hilfe zu geben, die man hätte geben können; unnötiges Einmischen in die Angelegenheit, nachdem man die Person weitergeleitet hat.

Seelsorge in der Ehe – Eheprobleme sind sehr weit verbreitet, auch unter Gläubigen. In einem der folgenden Kapitel werden wir nochmal ausführlicher darauf eingehen, aber hier folgt eine kurze Beschreibung.

Beispiele: Drohende Trennung oder Scheidung; Streit über finanzielle Probleme, Schulden oder über den Umgang und die Erziehung der Kinder; Einmischen der Schwiegereltern oder Streit mit ihnen; Kommunikationsprobleme beim Beilegen von Streit oder Mißverständnissen; Unzufriedenheit in der sexuellen Beziehung; emotionale Unreife; ungleiches Joch zwischen Gläubigen und Ungläubigen; Rollentausch oder mangelndes Verständnis, wie die Rollen der Ehepartner nach der Bibel ausgeübt werden sollen.

Aufgabe des Seelsorgers: sorgfältiges Befragen, auch in empfindlichen Bereichen wie die sexuelle Beziehung; dabei beide Seiten anhören; die Hauptpunkte in einem Konflikt herausfinden. Wollen beide Partner, daß die Ehe weitergeht? Finde heraus, was jeden der Partner motiviert, ernsthaft an der Lösung der Probleme zu arbeiten.

Gefahren für den Seelsorger: Nicht zum eigentlichen Problem durchdringen; oberflächliche Maßnahmen vorschlagen, die keine grundlegende Änderung bewirken; die geistlichen Möglichkeiten nicht ausnutzen, die helfen würden, Änderung herbeizuführen.

Um in einer bestimmten Situation herauszufinden, was der Wahrheit entspricht, müssen wir uns bewußt sein, daß manche Ratsuchenden lügen, übertreiben oder die Tatsachen verdrehen. Deshalb ist es äußerst wichtig, zu betonen, daß Ehrlichkeit unbedingt notwendig ist, um wirklich helfen zu können. Die Ratsuchenden erwarten vom Seelsorger Aufrichtigkeit. Aus demselben Grund müssen sie selbst ehrlich sein. Seelsorger brauchen Unterscheidungsvermögen, um zu erkennen, was der Wahrheit entspricht.

Fragen zum Selbststudium

1. Nennen Sie die drei vorgeschlagenen Fragen, mit denen man herausfinden kann, was man über den Ratsuchenden wissen muß. Erklären Sie, was Sie durch jede der Fragen herausfinden wollen.

2. Welchen Problemen begegnet man, wenn man entdecken möchte, ob ein Ratsuchender wirklich gerettet ist?

3. Welche Arten der Seelsorge könnten am schwierigsten für Sie sein? Warum ist das so? Was müssen Sie lernen, um diese Schwierigkeiten zu überwinden?

4. Welche der verschiedenen Gefahren für den Seelsorger könnten Probleme für Sie selbst darstellen? Warum?

Kapitel 6

Selbstliebe oder Selbstverleugnung

Ein großer Unterschied zwischen biblischer und weltlicher Seelsorge dreht sich um das ICH. In der einfachsten Bedeutung steht „ich" einfach für eine Person, für mich. Es wird auch das Ego genannt. Davon leiten sich solche Ausdrücke ab wie egozentrisch (ich-bezogen), egoistisch (selbstgefällig, geltungsbedürftig: ein übertriebenes Gefühl der eigenen Wichtigkeit), und Egoismus (die Lehre, daß die eigenen Interessen ein gutes Motiv für alle menschlichen Handlungen darstellen).

Im Neuen Testament wird das griechische Wort „psyche" mit Leben oder Seele übersetzt. Von diesem Wort kommen verschiedene Ausdrücke wie z.B. Psychologie, die Lehre von den charakteristischen Verhaltensweisen des Menschen. Die Seele oder das Ego wird als Sitz der Persönlichkeit gesehen, die aus Willen, Gefühlen und Verstand besteht. Die Seele ist das Zentrum des Ich-Bewußtseins, das neben dem Geist ein Teil der inneren, unsichtbaren Persönlichkeit ist. Geist, Seele und Leib bilden die Gesamtheit einer menschlichen Person (1Thes 5,23).

Die weltliche Psychologie hat sich den Aufbau und die Förderung des Ego zum Hauptziel gewählt. Sie erklärt, daß fehlende Eigenliebe oder geringe Selbstachtung die Hauptursache von fast allen Störungen, von Traurigkeit bis hin zur Kriminalität, ist. Es scheint unsere Nationalkrankheit zu sein.

Diese Diagnose findet aber nicht überall Zustimmung. David Wells, ein Professor für Psychologie am Hope College in Michigan, USA, scheibt in seinem Buch „The Inflated Self" (Das aufgeblasene Ich), daß Stolz und Eingebildetsein viel weiter verbreitet sind als eine zu geringe Selbstachtung. Eine Anzahl von Untersuchungen belegen das. In der Oberstufe einer höheren Schule wurden die Schüler gebeten, sich mit anderen ihrer Altersstufe zu vergleichen. Bezüglich ihrer Führungsqualität beurteilten sich 75% der Schüler über und nur 2% unter dem Durchschnitt. Von 829.000 Schülern und Studenten sahen 0% sich selbst als unterdurchschnittlich, und 25% meinten, daß sie zu dem einen Prozent an der Spitze gehörten. Andere Untersuchungen haben gezeigt, daß Menschen regelmäßig die Genauigkeit ihrer eigenen Überzeugungen und Beurteilungen überschätzen, daß sie eher bereit sind, die Verantwortung für Erfolge als für Mißerfolge auf sich zu nehmen und sich darin überschätzen, wie positiv sie in einer bestimmten Situation reagieren würden. Es gibt keinen klaren wissenschaftlichen Beweis, daß geringes Selbstbewußtsein so weit verbreitet ist, wie die meisten Psychologen und Seelsorger behaupten. Trotzdem ist es ihnen gut gelungen, die Öffentlichkeit zu überzeugen, es würde stimmen.

Die Theorie, daß der Mangel an Eigenliebe ein bedeutendes Problem oder eine Ursache für schlechtes Verhalten darstellt, wurde hauptsächlich von vier Männern verbreitet: Erich Fromm, Rollo May, Carl Rogers und Abraham Maslow. So schreibt Paul Vitz in „Psychology of Religion, the Cult of Selfworship“ (Psychologie und Religion: der Kult der Selbstanbetung). Vitz beschreibt, wie Ludwig Feuerbach, selbst ein einflußreicher Feind des Christentums, die Grundlage für die späteren humanistischen Theorien über das Ego gelegt hat. Der liberale Prediger Harry Emmerson Fosdick und Norman Vincent Peale machten diese Ego-Gedanken über das Ich populär, bevor die anderen in Erscheinung traten. Man nannte das Ganze „die perfekte Konsumenteneinstellung, ideal für Menschen mit viel Geld und viel Freizeit“. Sie wurde von Millionen übernommen.

Kein heutiger Schriftsteller oder Redner hat mehr zur Verbreitung dieser Theorie beigetragen als Robert Schuller. Er ist der Pastor der berühmten Kristallkathedrale in Kalifornien, die regelmäßig 10.000 Gottesdienstbesucher zählt. In seinem Buch „Self-Esteem, the New Reformation“ (Selbstachtung, die neue Reformation) – wirklich ein grandioser Titel – nimmt er kein Blatt vor den Mund, um die schlimmen Folgen einer geringen Selbstachtung aufzudecken. Er sagt: „Sünde ist jede Tat und jeder Gedanke, der mich oder irgendeinen anderen Menschen um seine Selbstachtung bringt. Und was ist die Hölle? Es ist der Verlust von Stolz. Dieser Verlust folgt natürlicherweise einer Trennung von Gott, der ursprünglichen und unversiegenden Quelle der Selbstachtung ... Ein Mensch ist in der Hölle, wenn er seine Selbstachtung verloren hat.“

John Armstrong schreibt zu dem Thema: „Muß ich mich selbst lieben?“ Er beobachtet: „Nach den heutigen Ansichten ist es nicht mehr das Problem, daß der Mensch Gott nicht verherrlicht, sondern daß er sich selbst nicht achtet." Armstrong untersuchte die Verse, die so oft benutzt werden, um diese Gedanken von der Bibel her zu rechtfertigen (Lk 20,25-27). Dort steht auch: Liebe deinen Nächsten wie dich selbst. Es wird dann behauptet, daß man zuerst einmal lernen muß, sich selbst zu lieben, bevor man jemand anderen lieben kann. Natürlich hat uns weder der Herr Jesus noch ein anderer Schreiber in der Bibel befohlen, uns selbst zu lieben. Vielmehr wird uns aufgetragen, zuerst Gott und dann unseren Nächsten zu lieben. Armstrong führt an, daß der Vers in Lukas 20 unmöglich bedeuten kann, daß man sich selbst lieben soll. Es ist grammatisch unmöglich (hier steht kein Befehl, sich selbst zu lieben), sprachlich unmöglich (Agape bezeichnet eine aufopfernde Liebe, und es ist bedeutungslos, sich selbst für sich selbst aufzuopfern) und es ist theologisch unmöglich (wenn man sich selbst liebt, ist es eine Sünde, keine Tugend).

Martin und Deidre Bobgan meinen, daß die vehemente Befürwortung der Selbstliebe sich durch bekannte christliche Autoren wie Krebs ausgebreitet hat. Dazu gehören James Dobson, Bruce Narramore, Robert Schuller, Norman Wright und viele andere. Das ist erstaunlich, wenn man die Worte der früheren Befürworter wie Fromm liest: „Die heutige Kultur ist von einem Tabu verseucht: dem Tabu, egoistisch zu sein. Uns wird beigebracht, daß es Sünde ist, sich selbst zu lieben, und eine Tugend, wenn wir andere lieben." Die Bobgans lobten Fromm, weil er Luther und Calvin darin richtig verstanden hatte und sie anklagte, daß sie die Liebe zu anderen auf Kosten der Liebe zu sich selbst betonten. Ansonsten hat Fromm weder Luther noch Calvin noch die Bibel im Geringsten verstanden. „Er sah den Gott der Bibel als einen grausamen Diktator, der Kain dazu trieb, Abel zu ermorden." Für ihn war Gott böse und Kain ein hilfloses Opfer. Bedenke den ungöttlichen Ursprung der Theorie der Eigenliebe, die Fromm offen mit Egoismus gleichsetzt.

Don Matzat hat in seinem Buch „Christ Esteem" (Christus lieben) für die, die Seelsorge mit der Bibel betreiben wollen, klargelegt, um was es geht. „Der moderne Humanismus hat den Menschen selbst zum Maß aller Dinge gemacht, und das hindert ihn daran, Sünde zu erkennen. Uns wird beigebracht, daß wir uns so annehmen sollen, wie wir sind." Dieser Gedanke gefällt den Menschen heute ungemein. Man sorgt sich nämlich mehr um Selbsterfüllung als um Vergebung der Sünden und Errettung. Bruce Narramore sagt recht offen, wie man die heutigen Christen ansprechen muß: „Viele Christen erwarten von der Psychologie neue Einsichten, wie man persönlichen Schwierigkeiten und Verzweiflung begegnen kann. Sie hoffen, daß die Psychologie Antworten auf Fragen gibt, die im Christentum nicht direkt angesprochen werden." Beachtenswert ist der letzte Ausdruck. Nach seinen Gedanken reicht der Herr Jesus oder sein Wort nicht aus, um Verzweiflung zu begegnen. Dazu braucht man die Psychologie.

Für uns stellt sich nicht die Frage „Was lehrt die Psychologie?", sondern „Was lehrt die Bibel?" Lehrt die Bibel, daß wir uns mit uns selbst beschäftigen sollen, um unser Selbstbewußtsein zu verbessern? Natürlich nicht. Wenn man sich mit sich selbst beschäftigt anstatt mit Gott oder mit anderen, so ist das nicht hilfreich, sondern schädlich. Es hilft auch nicht weiter, wenn man dauernd schlecht über sich denkt. Andauerndes Nachdenken über sich selbst ist überhaupt nicht gut. Selbstbeschau, Erforschen der eigenen Gefühle und Gedanken, ist keine gesunde Einstellung und nicht zu empfehlen. Selbstmitleid ist noch schlimmer. Es ist hilfreich, wenn man nicht mehr über sich selbst, sondern über andere Menschen nachdenkt.

Nun sind wir dabei angelangt, was die Bibel wirklich über den Umgang mit dem Ich und über das ich-bezogene Denken lehrt. Wenn wir, wie es sich gehört, mit dem Beispiel des Herrn Jesus beginnen, sehen wir, daß er sein Leben ganz entgegen den Vorstellungen der Liebe-dich-selbst-Prediger geführt hat. Er liebte den Vater und er liebte andere Menschen. Er gab sich selbst für andere. Er litt und starb für andere. Sein Leben ist das vollkommene Vorbild aufopfernder Liebe, nicht Eigenliebe. Er kam nicht, um bedient zu werden, sondern um zu dienen. Er lebte nicht selbstgefällig, sondern um Gott zu gefallen. Sogar am Kreuz, in furchtbaren Schmerzen, dachte er an andere und nicht an sich selbst. Er betete für seine Verfolger und Mörder: „Vater, vergib ihnen." Es sieht so aus, als ob er kaum einen Gedanken auf seine eigenen Bedürfnisse verwendet hat. Er war auch nicht darüber besorgt, was andere von ihm denken. Er lebte für andere und war die Selbstlosigkeit in Person, ohne Egoismus.

Die Lehre des Herrn über das Ich ist sehr deutlich und widerspricht jeder Idee von Eigenliebe. In Lukas 9,23.24 sagt er: „Wenn jemand mir nachkommen will, der verleugne sich selbst und nehme sein Kreuz auf täglich und folge mir nach. Denn wer irgend sein Leben erretten will, der wird es verlieren; wer aber irgend sein Leben verliert um meinetwillen, der wird es erretten." Über das Wort Psyche, das hier für Leben verwendet wird, haben wir schon geredet. Es umfaßt die Seele, die Persönlichkeit (Wille, Gefühl und Denken). Wir nennen es oft das Ich. Wenn der Herr sagt: „Wenn jemand mir nachkommen will", schließt er jeden ein, der sich als wirklich gläubig bezeichnet. Wenn er sagt: „Der verleugne sich selbst und nehme sein Kreuz auf täglich", gibt er damit die Bedingung bekannt. Sich selbst verleugnen bedeutet nicht, unsere Existenz, unser Menschsein oder unsere Persönlichkeit zu verleugnen. Er redet davon, daß wir unsere eigenen Interessen aufgeben, um ihm nachzufolgen. Wenn er sagt: „Der nehme sein Kreuz auf täglich", so spricht er vom Sterben (das ist die Bedeutung des Kreuzes) gegenüber unseren eigenen Wünschen, um das zu tun, was Gott will. Wenn er sagt „täglich", so meint er damit, daß es nicht ein einmaliges Erlebnis ist, wodurch man ein für allemal verändert wird. Wenn wir unser Leben retten wollen (indem wir versuchen, soviel wie möglich für uns selbst herauszuholen), werden wir es verlieren. Wenn man sein Leben für den Herrn Jesus verlieren will (völlig verwenden), um ihm zu dienen, wird man es gewinnen. Unser Leben wird wirklich von Bedeutung sein, und wir werden ewigen Lohn erhalten.

In Johannes 12,23-25 betont der Herr die Selbstaufopferung noch stärker, im Kontrast zur Eigenliebe. In Vers 23 spricht er von seinem baldigen Tod für die Sünden der Welt, „die Stunde ist gekommen". Er benutzt ein Prinzip aus der Landwirtschaft: „Wenn das Weizenkorn nicht in die Erde fällt und stirbt, bleibt es allein; wenn es aber stirbt, bringt es viel Frucht." Wenn das Weizenkorn nicht damit aufhört, sein eigenes unabhängiges Leben zu führen, wird es sich nicht vermehren oder fruchtbar sein. Natürlich ist das ein Hinweis auf sein eigenes Opfer am Kreuz. Aber er wendet dieses Prinzip auch auf das Leben seiner Nachfolger an, wie wir im nächsten Vers sehen: „Wer sein Leben liebt, wird es verlieren; und wer sein Leben in dieser Welt haßt, wird es zum ewigen Leben bewahren." Mit anderen Worten: Wenn man nicht bereit ist, sein Leben in dieser Welt für Christus zu opfern, damit es ewigen Wert hat, wird man es verlieren. Der Herr fährt fort, indem er uns erinnert, daß wir ihm dienen sollen: „Wenn mir jemand dient, so folge er mir nach; und wo ich bin, da wird auch mein Diener sein." Jesus zu dienen heißt also, ihm zu folgen und sein Beispiel nachzuahmen. Dazu gehört ein Leben der Selbstaufopferung, ein tägliches Aufnehmen unseres Kreuzes. Jetzt muß ich fragen: Wie könnte irgend jemand das so auslegen, daß man sich selbst mehr lieben soll? Sehen wir uns noch einige andere Verse zu diesem Thema an:

2. Korinther 4,10-11: Allezeit das Sterben Jesu am Leibe umhertragend, auf daß auch das Leben Jesu an unserem Leib offenbar werde. Denn wir, die wir leben, werden allezeit dem Tode überliefert um Jesu willen, auf daß auch das Leben Jesu an unserem sterblichen Leib offenbar werde.

Philipper 2,5-8: Denn diese Gesinnung sei in euch, die auch in Christo Jesu war, welcher ... sich selbst zu nichts machte ... sich selbst erniedrigte, indem er gehorsam ward bis zum Tod, ja zum Tod am Kreuz.

Lukas 14,26: Wenn jemand zu mir kommt und haßt nicht (hassen = weniger lieben) seinen Vater und seine Mutter und seine Frau und seine Kinder und seine Brüder und Schwestern, dazu aber auch sein eigenes Leben, so kann er nicht mein Jünger sein.

Alle diese Verse sprechen von einem opferbereiten Leben für Jesus, und nicht von einem Leben in Eigenliebe oder auf der Suche nach Selbsterfüllung.

Im nächsten Kapitel werden wir das Prinzip behandeln, wie wir unser selbstsüchtiges Leben austauschen gegen das Leben Jesu, das durch uns wie durch einen Kanal fließen soll. Das vorliegende Kapitel sollte uns davon abhalten, die Antworten auf unsere Schwierigkeiten, unser Gefühl der Bedeutungslosigkeit, Identitätssuche und allgemeine Unzufriedenheit durch den weltlichen Weg zu suchen, indem wir tiefere Selbstachtung suchen. Die Antwort ist vielmehr in Christus zu finden. Es kommt darauf an, ihn mehr zu lieben und nicht uns selbst. Wir werden unsere Zufriedenheit, unsere Kraft und unser Teil finden, wenn wir ihm erlauben, sein Leben durch uns zu leben, und nicht, wenn wir für uns selbst leben oder über uns selbst nachdenken.

Fragen zum Selbststudium

1. Was würden Sie für oder gegen das Konzept von „geringem Selbstwert“ (Eigenliebe) als Seelsorgeproblem sagen? Erwägen Sie, was Sie gelesen oder erlebt haben.

2. Benutzen Sie die Bibel und erklären Sie, was Sie unter dem biblischen Begriff des Selbst verstehen. Benutzen Sie Bibelstellen, um zu zeigen, was der Herr Jesus darüber lehrte. Was meinte er Ihrer Meinung nach damit?

3. Vergleichen sie diese Bibelstellen mit den Aussagen von Robert Schuller und Erich Fromm. Wie erklären Sie sich, daß christliche Redner wie Dobson, Narramore und Wright die Theorie der zu geringen Selbstliebe vertreten?

4. Inwiefern helfen folgende Schriftstellen, dieses Thema zu verstehen? 2.Korinther 4,10-12; Philipper 2,5-8; Lukas 14,26.27.

Kapitel 7

Das ausgetauschte Leben

In einem Buch über Seelsorge muß auch erläutert werden, wie wir ein Leben der Zufriedenheit, der inneren Kraft und Gemeinschaft mit Gott führen können. Materieller Besitz, die Jagd nach dem Glück oder die Konzentration auf sich selbst führt die Menschen nicht dahin, wo sie hin müssen. Die Menschen brauchen in Wirklichkeit eine Verbindung mit Gott und ein Leben, das von Freude, Liebe, Frieden und ähnlichen Segnungen gekennzeichnet ist. Genau das wird vom Herrn Jesus denen gegeben, die ihm und seinen Lehren folgen. „Ich bin gekommen, auf daß sie Leben haben und es im Überfluß haben" (Joh 10,10b). Leben im Überfluß ist reich und erfüllt. Es bezieht sich auf die Gegenwart, nicht nur auf die Zukunft.

Natürlich beginnt dieses Leben, wenn Jesus der Herr und Erlöser von denen wird, die dem Evangelium glauben. Aber dieser Anfang allein ist keine Garantie, daß man dieses Leben auch erlebt und genießt. Viele Christen erleben die Erfüllung dieser Verheißung des überfließenden Lebens nicht, obwohl sie sich bekehrt haben. Warum nicht? Das kann verschiedene Gründe haben. Sie könnten durch früheres Versagen entmutigt sein. Sie sagen: „Das habe ich alles schon ausprobiert, aber es hat nicht funktioniert." Aber Gott hat nicht versagt, und seine Verheißungen gelten noch und müssen im Glauben in Anspruch genommen werden. Einige sind vielleicht gar nicht gerettet, obwohl sie mal ein Gebet an Gott gerichtet haben. Sie sagen: „Ich habe doch Jesus in mein Herz eingelassen." Viele werden wie gelähmt sein, wenn sie nach dem Tod dem Herrn begegnen und hören: „Ich habe dich niemals gekannt" (Mt 7,22.23). Oder vielleicht sind sie mit einer niedrigen Stufe des geistlichen Lebens zufrieden, obwohl sie Christen sind. Wahrscheinlich hat ihnen auch niemand beigebracht, wie man ein überfließendes Leben in Christus bekommt. Unser Ziel sollte sein, ihnen dabei zu helfen, wie sie so leben können.

Es gibt einige grundlegende Schritte oder Einstellungen, die wichtig sind. Veranlasse den Ratsuchenden, daß er beginnt, sich mit diesen Dingen auseinanderzusetzen. Benutze diese Seite als Hilfsmittel.

Dürsten sie oder sehnen sie sich tief nach einem Leben in enger Gemeinschaft mit Gott? (Mt 5,6). Wenn es ihnen genügt, ein seichtes oder mittelmäßiges Leben zu führen, werden die Ströme lebendigen Wassers nie aus ihnen fließen (Joh 7,38).

Haben sie erkannt, daß geistliches Leben und geistliche Kraft durch die Gemeinschaft mit einer Person kommt (1Jo 5,12)? Täglicher Gehorsam und Hingabe an diese Person sind notwendig, damit er in uns offenbart wird (2Kor 4,10). Man kann kein überfließendes Leben ohne Nähe zum Herrn Jesus haben.

Wir müssen als Gläubige die Stärke und Genügsamkeit Christi in Anspruch nehmen und sie auf diese Weise in uns aufnehmen, wenn wir zu seiner Verherrlichung leben wollen (Eph 3,16). Wenn wir Frucht bringen wollen, müssen wir täglich unsere Nahrung vom wahren Weinstock beziehen (Joh 15,4). Treffend hat jemand dazu bemerkt: „Wir bleiben oft bei der Bewunderung stehen, wo wir doch zur Nachahmung und zum Inanspruchnehmen aufgefordert sind." Segen und Verheißungen müssen in Anspruch genommen werden, und Gottes Bedingungen müssen erfüllt werden (Joh 15,5-7).

Täglich sollten wir unser Leben Gott zur Verfügung stellen, damit seine heiligen Ziele erreicht werden und nicht unsere eigennützigen Ziele.

Schließlich müssen wir so wandeln (d.h. leben und handeln), wie es unserer Berufung entspricht. Wir gehören Gott (1Kor 6,19.20). Wenn wir in Liebe wandeln (Eph 5,2), in der Wahrheit (2Jo 4), im Glauben und nicht im Schauen (2Kor 5,7), dann wandeln wir nach dem Geist (Gal 5,16).

Ein anderer wichtiger Schritt, um das überfließende Leben zu genießen, ist, daß wir unser Denken mit den Wahrheiten aus Römer 6 füllen. Das wäre ein guter Abschnitt, den man zum intensiven Bibelstudium aufgeben könnte. Darin werden die grundlegenden Schritte erläutert, mit denen die Gläubigen „von der Sünde freigemacht und Gottes Sklaven geworden" sind und nun den Segen, die „Frucht zur Heiligkeit" erhalten können (Röm 6,22). Es sollte für einen Christen normal sein, daß die Sünde nicht über ihn herrscht (Röm 6,14). „Freigemacht aber von der Sünde, seid ihr Sklaven der Gerechtigkeit geworden" (Röm 6,18). Wie kann ein Christ diesen Segen erhalten? Die Antwort kann in einigen Worten verständlich gemacht werden.

„... indem wir dieses *wissen*, daß unser alter Mensch mitgekreuzigt worden ist, auf daß der Leib der Sünde abgetan sei (d.h. kraftlos gemacht worden ist), daß wir der Sünde nicht mehr dienen“ (Röm 6,6). Hier wird gelehrt, daß der Herr Jesus, als er am Kreuz für uns starb, nicht nur die Strafe für unsere Sünden bezahlte. Er hat auch die Macht der Sünde über die gebrochen, die mit ihm einsgemacht sind (Röm 6,5). Er besiegte die Sünde und den Tod. Deshalb können wir jetzt im täglichen Leben die Macht der Sünde überwinden, weil wir nicht mehr länger „Sklaven der Sünde“ sind. Was die Sünde betrifft, greift der Herr auf zweifache Weise ein: Er rettet uns von der Strafe (dem ewigen Tod) und von der Macht der Sünde. Traurigerweise scheinen die meisten Gläubigen diese Tatsache überhaupt nicht zu wissen. Ein Gläubiger kann Sieg über Sünde erfahren, wenn er aufhört, zu denken, er sündigte, weil er einfach nicht anders kann, und erkennt, daß er nicht mehr schwach und kraftlos ist. Jedoch muß er wissen, was die Grundlage dieses Sieges ist: Christus hat die Macht der Sünde über uns ein für allemal gebrochen. Wir leben zwar noch in einem Körper, der von Schwachheit gekennzeichnet ist und kommen bestimmt in Versuchungen, aber durch unser Einssein mit Christus können wir den Segen seines Sieges erleben, indem wir diesen Sieg täglich in Anspruch nehmen.

„... *haltet euch der Sünde für tot*, Gott aber lebend in Christo Jesu“ (Röm 6,11). Durch diese bewußte Einstellung, die Christi Sieg in unsere eigene Erfahrung bringt, werden wir in die Lage versetzt, täglich den Sieg über Sünde zu erleben. Die Tatsache, daß wir von der Macht der Sünde freigemacht worden sind, muß in unser tägliches Leben umgesetzt werden, indem wir täglich darauf vertrauen und davon abhängig sind. Die Wahrheit der Schrift muß unsere Lebensweise prägen. Zuerst müssen wir lernen, was die verschiedenen Vorkehrungen und Hilfen Gottes sind, damit wir ein „gerettetes Leben“ führen können. Dann müssen wir diese Wahrheiten für uns selbst in Anspruch nehmen und sie durch den Glauben in die Praxis umsetzen. Dabei werden wir wahrscheinlich dazu neigen, unserer Erfahrung in der Vergangenheit oder der menschlichen Beobachtung mehr zu glauben. Viel sicherer ist es aber, wenn wir auf Gottes Wort vertrauen und ihm gehorchen. Wir wissen, daß er nicht lügen kann. Es muß nicht sein, daß die Sünde in eurem sterblichen Leib herrscht, um seinen Lüsten zu gehorchen (Röm 6,12). Täglich können wir uns für die Sünde und ihre Macht für tot halten.

„... *stellt euch selbst Gott dar* als Lebende aus den Toten, und eure Glieder Gott zu Werkzeugen der Gerechtigkeit“ (Röm 6,13). Das ist der nächste wichtige Schritt zum täglichen Sieg. Hier wird deutlich, daß es eine tägliche Notwendigkeit ist, unsere Leiber Gott zur Verfügung zu stellen, damit er sie kontrolliert und benutzt. Wir müssen uns täglich an Gott hingeben und dürfen uns nicht auf einen vergangenen Entschluß zur Hingabe verlassen. Die Hingabe von gestern reicht nicht für heute. Stellt eure Leiber dar „als ein lebendiges, heiliges, Gott wohlgefälliges Schlachtopfer, welches euer vernünftiger Gottesdienst ist“ (Röm 12,1). Wir gehören dem Herrn und nicht uns selbst. Er hat uns „um einen Preis erkauft“ (1Kor 6,20). Wir sind mit „dem kostbaren Blut Jesu Christi“ erkauft (1Petr 1,18.19). Wir gehören Gott, und das muß täglich umgesetzt werden in praktische, hingegebene und völlig sich ausliefernde Unterwerfung unter die Kontrolle des Heiligen Geistes.

„Wenn ihr aber durch den Geist die Handlungen des Leibes tötet, werdet ihr leben“ (Röm 8,13). Der Sieg, den Christus errungen hat und auf den wir vertrauen müssen, bedeutet keinesfalls, daß wir frei von Versuchungen sind, nicht mehr im geistlichen Krieg stehen oder daß es nicht mehr nötig ist, in der Kraft des Geistes zu leben. Wir müssen „den alten Menschen“ ablegen und den neuen Menschen anziehen (Eph 4,22-25). Wir müssen Zorn, Wut, Bosheit, Lästerung, Klatsch und Lüge ablegen. Wir müssen den neuen Menschen anziehen, der erneuert wird. Wir sollen herzliches Erbarmen, Demut, Milde und Langmut anziehen (Kol 3,8-14). Wenn wir durch den Geist die Handlungen des Leibes töten, wird das Leben Gottes offenbar. Dieser tägliche Kampf soll kein Bemühen aus einer fleischlichen Entschlossenheit heraus sein. Er wird erfolgreich von denen geführt, „die nicht nach dem Fleische, sondern nach dem Geiste wandeln“ (Röm 8,4). In diesem Kampf brauchen wir geistliche Waffen wie Gebet, Glauben und Gottes Wort. Wir müssen die ganze Waffenrüstung Gottes ergreifen (Eph 6,11-17). Geistlicher Sieg wird im täglichen Kampf errungen, wenn wir die Verheißungen Gottes und seine Kraft in Anspruch nehmen.

Ein weiterer wichtiger Bestandteil vom veränderten und wirklich erlösten Leben ist *das Kreuz im Leben des Gläubigen.* Als der Herr Jesus die Bedingungen für die Nachfolge erklärte, sagte er: „Wenn jemand mir nachkommen will, der verleugne sich selbst und nehme sein Kreuz auf täglich und folge mir nach“ (Lk 9,23). Das ist etwas, das man tun muß, wenn man ein Nachfolger des Herrn Jesus werden will. Die meisten von uns wollen das umgehen oder wegerklären, damit wir nicht damit konfrontiert sind. Jeder in der damaligen Welt wußte, daß das Kreuz ein Hinrichtungsinstrument war. Das Kreuz ist etwas, das man täglich aufnehmen muß. Es hängt eng damit zusammen, daß man sich selbst verleugnet, wie der Ausdruck vorher zeigt. In Vers 24 spricht der Herr von der Bereitschaft, unser Leben um seinetwillen zu verlieren. Die Bedeutung des Kreuzes im Leben des Gläubigen ist also, unser Leben, unsere Seele täglich in den Tod gegenüber unseren eigenen Wünschen zu geben, um den Willen Gottes zu tun. Dein Leben (= Seele, Psyche, Ich) zu verlieren, bedeutet, es dem Herrn zu unterstellen, damit man es wirklich rettet, mit ewigem Segen. H.G. Bosch hat geschrieben: „Um am Leben Christi teilzuhaben, muß man zuerst mit seinem Tod einsgemacht sein – ein kontinuierliches tägliches Sterben des Ich-Lebens und der eigenwilligen und sündigen Neigungen. Das muß zu einer täglichen Erfahrung werden.“ Dann kann man gemeinsam mit dem Apostel Paulus seine herausfordernden Worte aus Galater 2,20 aussprechen: „Ich bin mit Christus gekreuzigt, und nicht mehr lebe ich, sondern Christus lebt in mir; was ich aber jetzt lebe im Fleische, lebe ich durch Glauben, durch den an den Sohn Gottes, der mich geliebt und sich selbst für mich hingegeben hat.“ Hier wird jemand beschrieben, der Christus erlaubt, in ihm zu regieren, während er selbst noch hier „im Fleisch“ lebt. Ich lebe nicht mehr, wie ich will, sondern Christus kontrolliert mich und lebt sein Leben durch mich. Wir sollen nicht unsere Persönlichkeit verlieren, unsere Individualität aufgeben oder zu Unpersonen werden. Als Persönlichkeit ist man für Gott zu wertvoll. Wir sollen die Ich-Sucht und unsere Beschäftigung mit uns selbst aufgeben. Wir unterstellen unseren Willen, die Verteidigung unserer Rechte, unsere eigenen Wünsche und Eigenheiten dem Willen des Herrn Jesus.

Während seiner eigenen Pilgerschaft hat der Herr Jesus dieses Leben hier vorgelebt. Er sagte: „Nicht mein Wille, sondern Dein Wille geschehe.“ Dieser Gehorsam führte ihn ans Kreuz, um dort für andere zu sterben, wie es der Wille Gottes war. Man kann dem Herrn Jesus nicht nachfolgen, wenn man nicht denselben Weg geht, den er gegangen ist. Das Leben, der Sieg und die Kraft Gottes werden durch das Aufnehmen und nicht durch das Umgehen des Kreuzes erlangt. Davon ist unsere Fruchtbarkeit abhängig. „Wahrlich, wahrlich, ich sage euch: Wenn das Weizenkorn nicht in die Erde fällt und stirbt, bleibt es allein; wenn es aber stirbt, bringt es viel Frucht“ (Joh 12,24). Vor dieser Erläuterung wiederholt der Herr auch die Lehre, daß man sein Leben in dieser Welt verlieren soll, um es zum ewigen Leben zu bewahren.

Diese grundlegenden Bereiche der biblischen Lehre zeigen den Weg zu überfließendem, fruchtbarem und wirksamem Leben. Es ist der Weg, den die Bibel vorschreibt, und nicht der Weg des populären Christentums. Ein wirklich christlicher Seelsorger sollte sich deshalb mit diesen Wahrheiten vertraut machen. Er oder sie müssen sie in gewissem Maß erfahren, um sie anderen klar zu übermitteln. Ansonsten wäre man ein Heuchler. Aber leider gibt es recht wenige Seelsorger, die den Ratsuchenden helfen, dadurch zum überfließenden Leben zu finden. Möge der Herr uns helfen, einige von den wenigen zu werden.

Fragen zum Selbststudium

1. Was ist nach Ihrer Erfahrung oder Beobachtung der tiefer liegende geistliche Grund für das gestörte oder unglückliche Leben von einigen Menschen? Was ist in diesen Fällen nötig?

2. Wir nannten fünf Schritte oder Einstellungen, die man für ein Leben in enger Gemeinschaft mit dem Herrn braucht. Welche davon werden nach Ihrer Erfahrung am dringendsten gebraucht?

3. Sehen Sie sich die Hauptprinzipien für ein siegreiches Leben aus Römer 6 und 8 an. Notieren Sie jedes davon, daß Sie nicht richtig verstehen können, oder wo Sie Schwierigkeiten haben, es in der Praxis anzuwenden. Was ist die Schwierigkeit für sie?

4. Warum ist es für ein siegreiches Leben wichtig, täglich das Kreuz aufzunehmen? Was bedeutet das für Sie?

Kapitel 8

Ursachen und Symptome unterscheiden

Der große Seelenarzt ist durch seine Allwissenheit und seine Weisheit in der Lage, den Zustand eines menschlichen Herzens perfekt zu diagnostizieren. Aus dem Herzen „sind die Ausgänge des Lebens“ (Spr 4,23). Gott durchforscht unsere Herzen, unser innerstes Wesen. Er erkennt, was dem oberflächlichen Beobachter verborgen bleiben würde. Er durchschaut das Herz: Es ist arglistig und verderbt (Jer 17,9). Man kann Gott nichts vormachen. Leider irren sich menschliche Seelsorger manchmal in ihrer Analyse. Wir sind auf jede Art von Hilfe angewiesen, die der Heilige Geist uns zur Verfügung stellt. Wir brauchen ein scharfes Unterscheidungsvermögen, wenn wir den Menschen zuhören. Die äußeren Anzeichen und Symptome können wir leicht entdecken. Aber dabei könnten wir die Ursache der Probleme übersehen. Eine der Hauptursachen ist oft, daß etwas in der Beziehung zwischen diesem Menschen und dem Herrn nicht stimmt.

Es gibt bestimmte Grundsätze, die man sich vor Augen halten sollte, wenn man mit Seelsorgetreffen beginnt. Wenn man sich daran hält, wird es leichter fallen, Ursachen zu erkennen.

Was man tun sollte:

Man muß wirklich sorgfältig zuhören, um die Tatsachen herauszufinden und die Situation angemessen zu beurteilen. Frage nach, um die weniger deutlichen Faktoren herauszufinden.

Hilf ihnen zu verstehen, wohin sie sich bewegen, nicht nur wo sie sich befinden. Unsere Fragen können und sollten helfen, daß in dem Durcheinander ihres Denkens Ideen oder Gedanken deutlich werden. Sehen sie die Sache korrekt? Führt ihr Verhalten in dieser Situation zum Segen?

Finde heraus, ob sie bereit sind, etwas zu verändern. Oft wollen sie unsere Hilfe, damit jemand anderes verändert wird! Oder damit ihre Lebensumstände geändert werden. Das steht aber mit großer Wahrscheinlichkeit nicht in unserer Macht. Es kommt darauf an, ob sie bereit sind, etwas zu verändern, das in dieser Situation hilfreich sein könnte.

Was man vermeiden sollte:

Zwinge unwilligen oder unbelehrbaren Menschen keinen Rat auf. Das ist reine Zeitverschwendung. Man kann dafür beten, daß sie bereit werden und mit Gottes Hilfe wirklich etwas ändern wollen.

Übernimm nicht die Verantwortung, die sie selbst tragen sollten, und fälle nicht die Entscheidungen, die sie treffen sollten.

Laß Dich nicht als Beschwerdeabteilung benutzen, wo Anklagen über Dritte, Bitterkeit, Gerüchte oder üble Nachrede angenommen werden (Spr 11,13; 17,9).

Achte darauf, ob man es mit folgenden Leuten zu tun hast:

- Leute, die Hilfe zu ihren eigenen Bedingungen haben wollen. Bei solchen Manipulationsversuchen sollte man nicht mitspielen.

- Leute, die sagen, daß man sie so annehmen soll, wie sie sind, aber damit meinen, daß man ihr unverantwortliches Verhalten akzeptieren soll. Gott liebt den Sünder, aber die Sünde, die die Menschen zerstört, liebt er wirklich nicht.

- Leute, die endlos über sich selbst und über ihre Probleme reden, aber die sich nicht ernstlich bemühen, erteilten Rat in die Tat umzusetzen. Gespräche ohne die Verpflichtung, etwas zu verändern, sollten nicht fortgesetzt werden.

- Leute, die sich verpflichten, etwas zu tun, aber es dann nicht ausführen. Dazu gehören auch diejenigen, die immer zu spät zu den Verabredungen kommen oder dauernd absagen. Fadenscheinige Ausreden sollten wir dafür nicht akzeptieren.

- Leute, die dauernd Ausreden benutzen. Ausdrücke wie: „Ich kann nicht“, „Du verstehst mich nicht“, „Das ist zu schwierig für mich“, „Ich bin eben so“, deuten darauf hin, daß sie nicht wirklich bereit sind, etwas zu unternehmen.

Wie man helfen kann:

Hilf durch Rat oder Tat, wie es dem Wort Gottes entspricht. Dazu gehören Ermutigung, Führung, Organisieren von Hilfe, Korrektur von falschen Vorstellungen oder Denkweisen sowie Vorschläge zum Lesen, Anhören oder Studium.

Hilfestellung, Struktur (= Ziele, Schritte, Reihenfolge), Überprüfen oder Verantwortlichkeit (unter Gottes Leitung) sind zur erfolgreichen Veränderung notwendig. Wenn man das wegläßt, ist es fraglich, ob aus den Leuten mit Problemen jemals Überwinder werden.

Wenn man sie an bestimmte Bibelstellen erinnert, so sollten sie die Verse vorlesen und erklären, was sie bedeuten.

Rede die Wahrheit in Liebe (Eph 4,15). Beides ist notwendig.

Unsere Ziele, wenn wir mit der Seelsorge beginnen:

Finde heraus, *warum* sie kommen. Suchen sie Rat, Mitleid, oder Hilfe für einen Weg, zu dem sie sich schon entschlossen haben? Haben sie schon andere um Rat gefragt? Wenn ja, was wurde ihnen geraten? Haben sie sich an den Rat gehalten?

Baue eine persönliche *Beziehung* zu dem Ratsuchenden. Gewinne sein Vertrauen durch Wärme, Ehrlichkeit, sorgfältiges Zuhören, Mitgefühl, Geduld und weise Worte. Benutze ihren Namen im Gespräch. Versuche nicht, sie durch Kompromisse oder durch Verstellung zu gewinnen. Vergiß nicht, daß unsere Augen, unser Mund, unser Gesichtsausdruck und unsere Körpersprache eine Botschaft vermitteln.

Stehe zu *Gottes Wort* und zu den eigenen Prinzipien. Die Wahrheit kann weh tun, obwohl man das nicht beabsichtigt. Versuche nicht, es jedem recht zu machen. Es ist nicht möglich.

Überprüfe die *Fakten*. „... auf zweier Zeugen Aussage oder auf dreier Zeugen Aussage soll eine Sache bestätigt werden“ (5Mo 19,15). Man sollte sich noch keine Meinung bilden, nachdem man nur die eine

Seite angehört hat (Spr 18,17). Unternimm nichts aus Vorurteilen heraus (1Tim 5,21). Sei zu jedem fair. Gehe so mit anderen um, wie du selbst behandelt werden möchtest.

Gib durch deinen Rat soviel *Hilfestellung* und sei dabei so praktisch wie nur irgend möglich. Dadurch wird vermutlich deutlich, daß bei dem Ratsuchenden eine Veränderung notwendig ist, vielleicht sogar eine vollständige geistliche Erneuerung. Erwarte Fortschritt, so klein die Schritte auch sein mögen. Setze die Treffen nicht fort, wenn nichts als ein nettes Gespräch dabei herauskommt.

Vergiß nicht, daß man für andere nicht die Dinge tun kann, die sie selbst tun müssen.

Und noch einmal: Gehe nicht auf ihre Bemühungen ein, anderen (in der Vergangenheit oder in der Gegenwart) die Schuld für ihr eigenes Verhalten oder ihre Einstellung zu geben.

Bete zu Beginn des Treffens. Man selbst ist auf Gottes Hilfe angewiesen, um Erfolg zu haben, und das müssen auch sie verstehen. Vielleicht wird man beim Zuhören einige Notizen machen, um Wichtiges festzuhalten. Wenn man das tut, so erkläre vorher, daß keine private Kartei mit vertraulichen Informationen angelegt wird. Es dient nur dazu, alle wichtigen Fakten im Gedächtnis zu behalten.

Die erhaltene Information kann man auf verschiedene Weisen ordnen, unter anderem:

Nach Problemen: Es können verschiedene Probleme vorliegen, die alle ineinander verwoben sind. Man muß ein großes Durcheinander entwirren, um kleinere Bestandteile ergreifen zu können. Wenn ein dringender Notfall vorliegt, der ärztliche Behandlung, Mietzahlung oder Betreuung der Kinder erfordert, so sorge dafür, daß etwas unternommen wird. Ausgedehnte Streitigkeiten oder Meinungsverschiedenheiten können später gelöst werden. Finde die Hauptpunkte heraus, besonders die, wo eine momentane Not vorliegt. Sei nicht oberflächlich. Schaue hinter das Offensichtliche: „Wir kommen in der Ehe nicht zurecht." Wir wollen wissen, warum sie nicht zurechtkommen und was nun unternommen werden muß, um das Problem zu lösen.

Nach Bedürfnissen: Damit beziehen wir uns nicht auf die weltlichen Bedürfnisse, wie sie von Maslow definiert werden. Neben den offensichtlichen Bedürfnissen wie Verpflegung, Kleidung und ein Dach über dem Kopf reden wir von den inneren Bedürfnissen, die die Bibel definiert. Nach der Bibel braucht jeder eine intakte Beziehung zu Gott. Man muß den Charakter Gottes richtig verstehen. Wenn das Gottesbild im Denken des Ratsuchenden verzerrt oder auch nur verschoben ist, kann man die Probleme nicht richtig ausbügeln. Man könnte dazu fragen: „Sag mir, wie Gott deiner Meinung nach ist." Die Antwort mag uns verblüffen. Halte ihnen vor Augen, wie Bedürfnisse aus Gottes Perspektive aussehen, im Unterschied zu den menschlichen Wünschen. In der Bibel gibt es keine Hinweise darauf, daß wir nach Maslows „Selbstverwirklichung" streben sollen, die eigentlich dasselbe ist wie das hinduistische Prinzip der Selbsterkenntnis.

Nach Bibelstellen, die sich auf die Situation beziehen: Erwäge die biblischen Prinzipien, die hier Anwendung finden. Suche die Verse, die am deutlichsten davon sprechen. Während des Zuhörens sollte man sich selbst Fragen stellen. Müssen sie jemand vergeben? Etwas in Ordnung bringen? Fehler zugeben? Vergessen, was in der Vergangenheit liegt? Annehmen, was nicht geändert werden kann?

Es gibt noch andere Fragen, die man beim Zuhören aufwerfen könnte. Reden sie von Tatsachen (Realität) oder von Wünschen (Wunschvorstellungen)?

Stimmt die Art ihres Redens, Handelns und Lebens mit dem Wunschbild ihrer Aussagen überein? Machen sie uns etwas vor, oder sind sie ehrlich?

Reden sie viel über ihre Gefühle, ohne auf ihre Verantwortung und Verpflichtungen einzugehen? Manche können kaum ein paar Sätze herausbringen, ohne auf ihre Gefühle hinzuweisen.

Spielen in ihrem Bericht Ausreden eine Rolle, oder anderen die Schuld zu geben?

Wie kann man sie motivieren, mit den notwendigen Handlungen zu beginnen? Sind sie bereit, zum Wohl der Kinder noch an der Ehe zu arbeiten? Wollen sie dem Herrn gefallen, auch wenn es viel kostet?

Wenn man für die einzelnen Problembereiche keine Möglichkeit findet, um sie zu motivieren, wird man wahrscheinlich keinen Erfolg haben.

Jetzt kann man sich ein Bild machen, was die wirklichen Ursachen sind, und sie von den Symptomen unterscheiden. *Jetzt* kann man darüber sprechen, welche Wurzelbehandlung angebracht wäre, um dem Problem zu begegnen, anstatt nur ein Pflaster darüber zu kleben. *Jetzt* sieht man, welche radikale Veränderung notwendig ist, anstatt nur oberflächliche Maßnahmen zu ergreifen. *Jetzt* kann man feststellen, ob Bereitschaft vorhanden ist, die nötigen Kosten zu tragen, um ein Überwinder zu werden. *Jetzt* kann man zu Gott schreien, daß er überführt und daß er auf übernatürliche Weise eingreift, damit dieses Leben zur Ehre des Herrn umgestaltet wird.

Fragen zum Selbststudium

1. In diesem Kapitel werden drei Dinge genannt, die wir tun, und vier, die wir vermeiden sollen. Im Letzten werden vier Warnungen aufgezählt. Welche davon könnten eine Schwierigkeit für Sie sein? Wo haben Sie sich in der Vergangenheit geirrt? Gibt es einen bestimmten Grund dafür?

2. Sieben Ziele in der Seelsorge werden erläutert. Welche davon hatten Sie aus dem Auge verloren oder welche finden Sie schwierig zu verfolgen?

3. Wie haben Sie Informationen geordnet und Probleme erkannt, um Menschen zu helfen? Haben Sie bei Ihrem Vorgehen etwas wichtiges übersehen. Warum?

4. Hier sind fünf Fragen vorgeschlagen, die Sie in der Unterhaltung mit den Ratsuchenden erwägen könnten. Welche davon ist für Sie ein neuer Gedanke oder welche haben Sie vernachlässigt?

Anhang:

Was sich der Seelsorger selber fragen sollte?

1. Warum kommt der Ratsuchende zu Ihnen? (Hilfe, um Probleme zu lösen, oder einfach zum „Dampf ablassen"?)

2. Will er, daß Sie einfach nur zuhören und Sie ihn bemitleiden?

3. Zielen Sie auf das Problem oder analysieren Sie die Person?

4. Ist der Ratsuchende bereit, den Preis zu bezahlen, um das Problem zu lösen?

5. Sind Sie als verschwiegen bekannt?

6. Können Sie dem Ratsuchenden den Weg zur Vergebung zeigen, wenn wirklich Schuld da ist?

7. Können Sie sich beherrschen, um nicht auf das, was Sie hören schockiert oder ablehnend zu reagieren?

8. Zeigen Sie Respekt oder wollen Sie beliebt sein?

9. Sind Sie bereit, verantwortungsbewußtes Handeln zur Problemlösung zu verlangen (finanziell, beruflich, familiär)?

10. Wie können Sie helfen, ohne zuviel oder zuwenig zu tun?

11. Können Sie auf eine warme und interessierte Weise zuhören?

Anhang

Fragen bezüglich Ratsuchender

1. Ist der Ratsuchende bereit, mitzuarbeiten, um sich selbst zu helfen?

2. Beschäftigt er sich mit Dingen, wie sie sind, oder ist er in Wunschdenken gefangen?

3. Ist der Ratsuchende wirklich aufrichtig, logisch und übereinstimmend mit dem, was er sagt?

4. Spricht er mehr über seine Gefühle oder über seine Verantwortung?

5. Bringt der Ratsuchende Ausreden oder versucht er Schuld abzuschieben?

Anhang

Prinzipien im Seelsorge-Prozeß

1. Hören Sie zu
   - Was ist das Problem aus der Sicht des Ratsuchenden?
   - Wie gestaltet der Ratsuchende sein Leben und seine Beziehungen?
   - Wie ist der Ratsuchende in der Vergangenheit mit seinen Problemen umgegangen?

2. Geben Sie von sich selbst

3. Loben und kritisieren Sie gleichermaßen.

4. Verlangen Sie Verantwortlichkeit (keine Schuldabschiebung, kein Herunterspielen, keine Ausreden oder Psycho-Slang).

5. Suchen Sie die Entwicklung des Ratsuchenden, bestimmen Sie Ziele, stellen Sie Aufgaben und weisen Sie auf Vorbilder hin.

6. Suchen Sie die innere Motivation des Ratsuchenden (wenn möglich: Christus orientiert).

7. Geben Sie bedingte Unterstützung (nicht gleichzusetzen mit „Akzeptanz“).
   - Lassen Sie sich nicht diktieren, wie Sie helfen sollen.
   - Keine Diskussion und Beschwerde ohne eigenes aufrichtiges Bemühen.
   - Keine Verpflichtung ohne nachfolgendes Handeln.

Anhang

Gute Seelsorge-Treffen

1. Beten Sie am Anfang, zeigen Sie, daß sie beide auf Gott sehen müssen, um Antworten zu finden.

2. Ermitteln Sie alle benötigten Fakten, kennen Sie die ganze Geschichte?

3. Wo es angebracht ist, ziehen Sie weitere Informationsquellen hinzu.

4. Ermitteln und zeigen Sie zutreffende biblische Prinzipien (Haltungen, Beziehungen, biblisch falsch und richtig).

5. Zeigen Sie die realistischen Alternativen für das Problem auf (Pro und Kontra, oder verschiedene Möglichkeiten).

6. Fürchten Sie sich nicht, direktiven Rat zu geben, indem Sie das Wort Gottes benutzen, aber übernehmen Sie nicht die Verantwortung für die Entscheidungen des Ratsuchenden.

7. Geben Sie dem Ratsuchenden Hoffnung, daß Gott einen guten Ausgang zu Gottes Zeitpunkt schafft, wenn der Ratsuchende die Bedingungen erfüllt, die dazu nötig sind.

Kapitel 9

Lebensveränderung durch Seelsorge herbeiführen

Sogar wenn man bereit wäre, für andere das zu tun, was sie selbst tun sollten, würde der Herr es nicht zulassen. Das ist eine unserer Beschränkungen. Was ihre Verantwortung ist, muß ihre Verantwortung bleiben. Viele Themenbereiche der Schrift verdeutlichen das.

Man kann nur durch seinen eigenen Glauben gerettet werden (Joh 3,16; Eph 2,8.9; 1Petr 1,9). Nicht einmal Eltern können stellvertretend für ihre Kinder glauben, damit sie gerettet werden.

Man kann nur durch seinen eigenen Glauben so leben, daß man Gott gefällt, nicht durch den Glauben eines anderen (Hebr 11,6). Ohne Glauben kann man nicht wirksam beten, Zeugnis geben oder leben. In der Schrift finden wir viermal die Aussage: „Der Gerechte wird aus Glauben leben." Das bedeutet: durch seinen eigenen Glauben.

Jeder wird für seine eigenen Lebensentscheidungen, Worte und Taten zur Verantwortung gezogen. „Also wird nun ein jeder von uns für sich selbst Gott Rechenschaft geben" (Röm 14,12). Jeder einzelne wird Gott Rechenschaft ablegen müssen, sei es nun für seine Sünden beim Gericht vor dem großen weißen Thron (Offb 20,12), oder für sein Leben und seinen Dienst vor dem Richterstuhl des Christus (2Kor 5,10). Gott wird nicht zulassen, daß man die Verantwortung für das eigene Leben abwälzt.

Wie kann man anderen dann überhaupt helfen? Vor allem, indem man ihnen dabei hilft, ihre Ansichten über bestimmte Dinge zu ändern. Gedanken gehen den Handlungen voraus. Deshalb bewertet der Herr die Begierde im Herzen auch so sündig wie den ausgeführten Ehebruch (Mt 5,28), und innerlichen Zorn betrachtet er als Sünde, weil daraus Haß und Gewalt entstehen kann. Menschen bewegen Dinge in Gedanken, bevor sie etwas Hilfreiches oder etwas Unverantwortliches unternehmen. Gedanken der Vergeltung, Bitterkeit, Eifersucht oder fehlende Vergebungsbereitschaft vergiften die Seele. Auch im Bereich des eigenen Glaubenslebens verunehren wir Gott in unseren Gedanken, nehmen uns Böses vor und verunreinigen unser Gewissen.

Wenn diese schlechten Gedanken nicht durch Seelsorge oder Bekenntnis entlarvt werden, wird man nicht in der Lage sein, auf die Ursachen der Probleme einzugehen. Sünde beginnt im Herzen, in den Gedanken. Und dort beginnt auch die Veränderung.

Wenn man die Fehler, Irrtümer oder Gefahren in ihren Gedanken nicht erkennt, kann man ihnen in ihren Problemen nicht erfolgreich beistehen. Deshalb ist es notwendig, daß man das Denkmuster, das dem menschlichen Verhalten meistens zugrunde liegt, höflich und behutsam erfragt. Nachdem man das erkannt und die entsprechenden Bibelstellen überdacht hat, ist man in der Lage, den nächsten Schritt zu unternehmen. Dabei geht es darum, den Ratsuchenden zu zeigen, wie diese Gedanken oder diese innere Einstellung sie zerstört. Es genügt nicht, daß man selbst es versteht. Sie müssen es auch ganz klar verstehen. Wie kann man das erreichen?

Man sollte *ihnen* im Gespräch und durch geduldiges Fragen deutlich machen, wie sie in den Bereichen denken, die sich auf ihr *gegenwärtiges* Verhalten auswirken. Wir müssen ihr Leben nicht zurück bis zum Mutterleib erforschen, wie manche weltliche Psychologen das zu tun pflegen. Wir befinden uns in der Gegenwart und müssen auf das *Hier und Heute* eingehen, nicht auf die Vergangenheit, die nicht geändert werden kann. Ein gutes Beispiel dafür ist fehlende Vergebungsbereitschaft. Ein vergangener Vorfall kann nicht rückgängig gemacht werden, aber wir sollten jetzt bereit sein zu vergeben. Wir müssen uns mit der Gegenwart beschäftigen.

Hilf ihnen, mit der Schrift zu verstehen, was der Herr zu diesen Gedanken sagt. Das mag sich manchmal über einige Zeit hinziehen, kann aber nicht endlos ausgedehnt werden. Manche Menschen haben Schwierigkeiten zu erkennen, daß ihr Denken schädlich für sie ist, besonders wenn es, menschlich gesehen, gerechtfertigt scheint. Haß ist hier ein Beispiel. Wenn man durch andere gelitten hat, ist es gewiß verständlich, daß man den andern haßt. Es ist aber bemerkenswert, daß der Herr Jesus für die beten konnte, die ihn verspottet, angespuckt und gequält haben. Dann wird entgegnet: „Aber er ist halt der Herr." Stimmt, und wir sind dazu aufgerufen, ihn nachzuahmen (1Jo 2,6).

Wir sollten nicht den Eindruck erwecken, daß wir den Schmerz und das Leid derer, denen wir zuhören, leichtfertig übergehen. Gewiß können wir verstehen, wenn furchtbare Erlebnisse wie Mißhandlung, Vergewaltigung oder Vernachlässigung bei jemandem bittere Gefühle hervorrufen. Wir sollten nicht versuchen, die Übeltäter zu rechtfertigen, sondern sie lieber Gottes gerechtem Gericht überlassen. Ihm gehört die Vergeltung (Röm 12,19). Jedoch sollten wir alles, was in der Vergangenheit liegt und was wir jetzt nicht mehr ändern können, hinter uns lassen. Sonst werden wir innerlich weiter darunter leiden. Ein Teil unserer Probleme ist, daß wir anderen vergeben und sie Gott anbefehlen müssen (Lk 11,4; Eph 4,32). Vergebung beginnt mit dem Willen, nicht in den Gefühlen. Wie könnten wir sonst jemals unsere Feinde und Verfolger lieben? (Mt 5,44).

Erwäge zusammen mit ihnen, ob ihre jetzige Denkweise ihnen wirklich weiterhilft.

Folgende Fragen könnten anderen helfen, ihr Denken zu verändern:

Praktische Fragen: Wie wird sich die Situation entwickeln?

- Was wird passieren, wenn man so weitermacht wie bisher?
- Werden sich die Beziehungen zu anderen verbessern, wenn man weiter so mit ihnen umgeht wie bisher?
- Was wird geschehen, wenn man seine Gewohnheiten beibehält?
- Man hofft, daß sich etwas verändert. Was wird man unternehmen, damit diese Veränderung zustande kommt?

Geistliche Fragen: Wie zeigt sich die angebliche Beziehung zum Herrn in der Art und Weise, wie man jetzt lebt?

- Wie sieht die Beziehung zum Herrn jetzt aus?
- Wie stimmen die Ansichten, Taten und die Moral damit überein?
- Was muß man ändern, damit eine Übereinstimmung erreicht wird?

Fragen zum Eigeninteresse: Wirkt sich die gegenwärtige Situation wirklich gut auf dein Leben aus?

- Wie könnte man die Art und Weise verändern, wie man mit der Situation umgeht?
- Was sind die möglichen Gefahren, wenn die Situation sich nicht verändert?

– Was wäre das Beste, das man jetzt in Anbetracht der langfristigen Entwicklung tun könnte?

Unser Ziel ist, anderen bei der Veränderung ihres Standpunkts zu helfen, sofern dies nötig ist. Mit Standpunkt meinen wir die Position, die sie bei der Bewertung ihrer Situation einnehmen. Dazu gehört ihre allgemeine Lebensanschauung, die durch langfristige Denkgewohnheiten recht entstellt sein kann. Die Gedanken folgen dabei „ausgetretenen Pfaden", oder sie drehen sich im Kreis. Das führt nicht zum Erfolg und endet immer wieder in einer Sackgasse. Mit Lebensanschauung meinen wir die Art und Weise, wie sie das Leben sehen und wie Dinge in ihren Augen aussehen, ob das nun der Realität entspricht oder nicht. Manchmal kommt es dabei soweit, daß sich jemand innerlich total festlegt. Durch ein solches Denken wird eine feste Überzeugung gewonnen, daß etwas der Wahrheit entspricht oder unlösbar ist, auch wenn das nicht der Fall ist. Wenn dieses Denken nicht geändert wird, gibt es keinen Fortschritt. Falsches Denken verursacht falsches Verhalten.

Oft ist den Leuten dieses Hindernis zu neuem, kreativem und biblisch-orientiertem Denken gar nicht bewußt. Dickköpfigkeit oder Stolz können auch eine Rolle spielen. Unser Denken kann durch folgende Tendenzen verzerrt werden:

Tunnelsicht – Man hat keinen Überblick, sondern sieht nur einen kleinen Ausschnitt des Problems. Man nimmt aber an, man habe alles erfaßt. Gibt es dazu noch etwas Weiteres zu bedenken?

Kurzsicht – Die wichtigste Motivation zum Handeln ist dabei die sofortige Befriedigung aller Wünsche oder die schnelle Befreiung von bestimmten Problemen. Was passiert langfristig?

Einbahnstraßensicht – Es kommt nur darauf an, was für mich gut ist. Was ist mit anderen Menschen?

Sicht mit Vorurteil – Man sieht nur die eine Seite, die man selbst vertritt. Wie wäre es mit umfassender Erörterung der Angelegenheit, wobei auch die andere Seite einbezogen wird?

Übereilte Sicht – Man trifft impulsive Entscheidungen, ohne sorgfältig zu überlegen. Dabei werden die Konsequenzen oft nicht bedacht. Muß die Entscheidung unbedingt sofort getroffen werden?

Es könnte eine Hilfe sein, wenn man die fünf Schritte der Problemlösung beachtet. Die Schritte folgen aufeinander, wenn man den Weg zu Ende geht.

Erkennen – Verstehen sie das grundlegende Problem oder die Situation wirklich? Ist ihnen deutlich geworden, worum es geht?

Anerkennen – Stimmen sie zu, daß sie wirklich ein Problem in diesem Bereich haben, für das sie verantwortlich sind?

Bedenken der Folgen – Wir sollten sicher gehen, daß sie die möglichen Konsequenzen verstehen, falls sie nichts verändern, und auch die Schwierigkeiten, die bei einer nötigen Entscheidung auftreten können. Wenn es so einfach wäre, wäre es wahrscheinlich schon längst erledigt worden.

Entschluß zur Veränderung – Sind sie bereit, nach den Worten nun auch die entsprechenden Taten folgen zu lassen? Was werden sie tun? Wann? Werden sie einem anderen gegenüber verantwortlich sein, der nachfragt, daß wirklich etwas passiert?

Integrieren der Veränderung – Das bedeutet, daß sie zu einer regelmäßigen Gewohnheit werden muß, wo das nötig ist. Wenn sie Erfolg haben wollen, können sie nicht mit der Einstellung beginnen: „Ich werde es einmal oder für ein paar Tage probieren." Werden sie durchhalten oder nach einem kurzen Versuch nach ein paar Tagen aufgeben? Wir reden davon, daß jemand so überzeugt ist, daß er sich innerlich zum Durchhalten verpflichtet.

Es ist immer schwierig, mit jemanden umzugehen, der mißhandelt, betrogen oder abgelehnt wurde. Dennoch gilt, daß er negative Gefühle überwinden muß. Wir alle sind irgendwann betrogen worden. Der Herr Jesus wurde furchtbar hintergangen. Wenn wir über so etwas reden, müssen wir auch diesen Aspekt zur Sprache bringen. Sind sie bereit, diejenigen dem Herrn hinzulegen, durch die sie betrogen oder mißhandelt wurden, und ihnen in ihren Herzen zu vergeben? Das ist lebenswichtig für ihre eigene Genesung. Lies mit ihnen Matthäus 18,21-35 und hilf ihnen, sich mit der Geschichte zu identifizieren. Beachte, daß der Herr den nicht vergebenden Knecht „böse" nannte. Ist es denn wirklich so schlimm, daß andere Menschen uns verspotten oder ablehnen, wenn uns bewußt ist, daß der Herr Jesus, der selbst verspottet und abgelehnt wurde, uns annimmt? Betrachten wir uns als eines von Gottes geliebten Kindern, das in Christus, in dem Geliebten, völlig angenommen ist? (Eph 1,3-9). Wenn das wirklich stimmt, wird alles andere daneben unwichtig. Wenn wir Gottes geliebten Sohn angenommen haben, liebt er uns und nimmt uns völlig an. Unsere eigenen Errungenschaften, unser Aussehen und unsere Intelligenz, sogar unsere Vergangenheit, sind vollkommen unbedeutend für dieses Angenommensein bei Gott. Um wirklichen Frieden und echte Freude erleben zu können, ist es wichtig, das ego-zentrische Denken durch christo-zentrisches Denken zu ersetzen. Versuche wir unser Leben aus Liebe zu Christus für andere einzusetzen, und es wird sich indirekt auch auf uns auswirken.

Wenn man als Seelsorger durch Geduld, Freundlichkeit und sorgfältiges Zuhören Eingang beim Ratsuchenden findet, wird der Rat besser beachtet werden. Wenn man den Anschein erweckt, daß man verurteilend oder hart ist, wird das eher unwahrscheinlich oder sogar unmöglich sein. Falls es notwendig ist, kann man sehr streng reden, wenn der Ratsuchende wirklich merkt, daß man ihn wirklich als Person gern hat und nicht als Projekt betrachtet. Selbst schwierige und schmerzhafte Angelegenheiten können dann zur Sprache kommen, auch wenn dabei Tränen fließen. Wenn man zur rechten Zeit redet und in der richtigen Art und Weise, wie jemand, der wirklich besorgt ist, wird man Fortschritte erzielen. Bete, daß der Herr dem Ratsuchenden ein offenes Ohr und einen willigen Geist gibt. Wenn der wunderbare Ratgeber durch den Seelsorger wirkt, so kann man sicher sein, daß man wie er „alle Dinge wohl machen“ wird. Die Voraussetzung dafür ist, daß man ein Kanal ist, der zum Herrn hin geöffnet ist, und daß der andere ein Gefäß ist, das hingegeben und bereit für das übernatürliche Wirken Gottes ist.

Zum Schluß möchten wir daran erinnern, was die wichtigste Veränderung ist, die wir in uns und in anderen herbeiführen müssen: die Verbesserung unserer persönlichen Beziehung und Gemeinschaft mit dem Herrn. Wird das Leben Jesu in unseren sterblichen Leibern offenbar (2Kor 4,11)?

Fragen zum Selbststudium

1. Wie haben Sie bisher versucht, Menschen zu helfen sich zu verändern? Wie erfolgreich waren diese Methoden?

2. Es wurden einige Vorschläge gemacht, wie man Menschen helfen kann, Ihre Einstellung oder Denkweise zu ändern. Welche erscheinen Ihnen am hilfreichsten? Warum?

3. Welche der fünf Schritte zur Problemlösung haben Sie vergessen oder ausgelassen, als Sie anderen helfen wollten? Was ist Ihrer Meinung nach der Grund dafür?

4. An was müssen Sie sich erinnern, damit Sie Eingang bei denen finden, denen Sie helfen wollen? Welche Fehler entdecken Sie bei Ihren Bemühungen in der Vergangenheit?

Veränderung als Prozeß unterstützen

1. Suchen Sie nach einer Veränderung in der Haltung des Ratsuchenden gegenüber anderen und dem Problem.

2. Erklären Sie, daß Gottes Kraft und sein Erbarmen für die da ist, die seine Hilfe aufrichtig und ernsthaft suchen.

3. Ermutigen Sie den Ratsuchenden einen oder zwei Schritte in die richtige Richtung zu machen – einen nach den anderen.

4. Entfernen Sie die einfachsten Hindernisse, die den Fortschritt stören:
   - Fordern Sie den Ratsuchenden auf, sich zu entschuldigen und wiedergutzumachen, was Kränkung und Betrübnis verursacht hat, selbst wenn er denkt, nur teilweise verantwortlich zu sein.
   - Fordern Sie den Ratsuchenden auf, nicht eingehaltene Verpflichtungen zu erfüllen, oder zu tun, was nötig ist.
   - Fordern Sie den Ratsuchenden auf, sofort mit allem aufzuhören, was schädlich ist.

5. Geben Sie Aufgaben (etwas studieren, lesen, hören: besonders aus der Bibel), die Geist und Verstand stärken.

6. Bitten Sie um schriftliche Vorschläge bezüglich möglicher Verbesserungen und Ziele, die sie anstreben können.

7. Fordern Sie den Ratsuchenden auf, innerhalb einer bestimmten Zeit zu handeln, und lassen Sie sich Rechenschaft ablegen.

Hilfen Entscheidungen zu treffen und gute Gewohnheiten zu entwickeln

1. Seien Sie „Coach“, nicht Diktator.

2. Bitten Sie den Ratsuchenden um seine Analyse und Vorschläge.

3. Helfen Sie dem Ratsuchenden, große Probleme in kleine Stücke zu zerlegen und diese zu bearbeiten.

4. Gebrauchen Sie das Wort Gottes als Richtlinie.

5. Beharren Sie darauf, daß endgültige Entscheidungen und Verantwortungen beim Ratsuchenden liegen.

6. Ermutigen Sie, wichtige Dinge der Entschiedenheit wegen aufzuschreiben.

7. Loben und ermutigen Sie, auch wenn nur ein kleiner Fortschritt erzielt wurde.

8. Helfen Sie dem Ratsuchenden, wichtige Bereiche zu überprüfen und fortzuführen.

9. Seien Sie sich der ständigen Gefahr von Mißverständnissen, falschen Zitaten und falschen Darstellungen durch den Ratsuchenden bewußt. Schreiben Sie Dinge auf, wiederholen Sie wichtige Punkte und überprüfen Sie Ihr eigenes Verständnis.

Problemlösungs-Blatt

Was geschehen ist	Was ich getan habe	Was ich hätte tun sollen	Was ich jetzt tun muß
Problembeschreibung	Meine Antwort	Biblische Antwort (Zitat und Erklärung von Bibelstellen)	Beschreibung der nötigen Schritte, um Dinge wieder in Ordnung zu bringen
Problembeschreibung	Meine Antwort	Biblische Antwort (Zitat und Erklärung von Bibelstellen)	Beschreibung der nötigen Schritte, um Dinge wieder in Ordnung zu bringen
Problembeschreibung	Meine Antwort	Biblische Antwort (Zitat und Erklärung von Bibelstellen)	Beschreibung der nötigen Schritte, um Dinge wieder in Ordnung zu bringen

Kapitel 10

Buße ist wichtig

Wenn wir in der *biblischen* Seelsorge irgend etwas erfolgreich tun wollen, so sind wir auf die wirksame Kraft Gottes angewiesen. Der Herr Jesus sagte: „Ohne mich könnt ihr nichts tun" (Joh 15,5). Ohne die Kraft des Heiligen Geistes können wir nicht erwarten, daß ein Leben verändert wird und Probleme gelöst werden. Aus der Schrift wird deutlich, daß Gott seine Kraft nur zu seinen Bedingungen verleiht. Die grundlegenden Voraussetzungen sind Hingabe und Gehorsam. In diesem Bereich spielt Buße eine maßgebliche Rolle. Wir meinen damit echte, nicht oberflächliche oder unvollständige Buße.

Was ist Buße? Unter den Gläubigen gibt es einige Meinungsverschiedenheiten und Mißverständnisse zu diesem Thema. Wir wollen deutlich machen, was wir damit meinen. In der Bibel bedeutet das Wort eine „Sinnesänderung". Ungers Bibellexikon definiert Buße als „grundsätzliche und tiefgehende Umkehr im Herzen des Menschen, eine Abwendung von Sünde und Hinwendung zu Gott". Dieser Gedanke wird vom Propheten Jesaja zum Ausdruck gebracht: „Der Gesetzlose verlasse seinen Weg und der Mann des Frevels seine Gedanken; und er kehre um zu dem Herrn" (Jes 55,7). Johannes der Täufer, der große Bußprediger, unterstrich denselben Gedanken. Er forderte die Menschen auf, ihren Wunsch nach Veränderung durch Taten zu beweisen (Mt 3,8). Auch Jeremia betonte das (Jer 18,11; 35,15). Der Herr Jesus erklärte in bezug auf die Errettung: „Wenn ihr nicht Buße tut, werdet ihr alle ebenso umkommen" (Lk 13,3.5). Diese Warnung wurde in der Apostelgeschichte erneut wiederholt (Apg 3,19; 11,18; 17,30; 20,21) und auch in der Pfingstpredigt (Apg 2,38). Jede echte Buße wird jedoch nicht bei der Sinnesänderung stehenbleiben, sondern auch eine Veränderung des Verhaltens vom Schlechten zum Guten mit sich bringen. Unger schreibt dazu: „Buße beinhaltet folgende grundlegenden Elemente: 1. eine echte Trauer vor Gott wegen der Sünde (2Kor 7,9.10; Mt 5,3-4; Ps 51); 2. eine innere Abscheu vor Sünde, begleitet vom tatsächlichen Aufhören mit dieser Sünde (Mt 3,8; Apg 26,20; Hebr 6,1); 3. bereitwillige und demütige Unterwerfung unter Gottes Willen, zu seinem Dienst (Apg 9,6).

Wo wird wohl bei den Ratsuchenden, mit denen wir uns treffen, Buße am ehesten nötig sein? Man denkt dabei zuerst an den Bereich der sexuellen Sünden, aber es gehört viel mehr dazu, bis hin zu unseren Ansichten und Einstellungen im Herzen. Dazu gehören Unglaube, Zorn, Selbstmitleid, Anklagen, Stolz und mangelnde Liebe. Es sollte anhand der Bibel besprochen werden, wie die Reaktion der echten Buße darauf ausschaut. Buße muß verstanden und anerkannt werden und muß Taten hervorbringen. Eine unvollständige Buße wird nicht lange Bestand haben. Wenn Buße erforderlich ist, wird man nicht erfolgreich sein, bis der Ratsuchende die nötigen Dinge unternommen hat. Das trifft sowohl im Bereich der Errettung zu, als auch bei unterbrochener Gemeinschaft mit Gott oder in Beziehungen zu anderen. Wo wir uns anderen gegenüber nicht richtig verhalten haben, müssen wir umkehren und die Sachen in Ordnung bringen. Dazu kann auch die Wiederherstellung oder die Erstattung von Dingen gehören, die andere durch irgendein Verschulden unsererseits verloren haben. Schaden muß wiedergutgemacht werden. Dazu können auch notwendige Entschuldigungen gehören, die dann auch ehrlich gemeint sein sollen. Solche Aussagen wie: „Falls ich mich falsch verhalten habe ...“ oder „Falls ich Dich verletzt habe, tut es mir leid“ sind keine Zeichen echter Buße.

Wir wollen nun über einige Bereiche reden, wo Buße offensichtlich erforderlich ist.

Unmoralisches Verhalten

Wenn man mit Ungläubigen oder mit angeblich Gläubigen spricht, die in Ehebruch, Unzucht oder anderen sexuellen Übertretungen leben, sollte man mit ihnen folgende Stellen durchgehen: 1.Korinther 6,9-10; Epheser 5,3-6; Galater 5,19-21; 1.Johannes 2,4; 3,4-10. Dabei sollte man beachten, daß man nicht über einen einzelnen Zwischenfall redet. Viele benutzen David als Ausrede. Man redet von bewußtem und wiederholtem Praktizieren der Sünde, anstatt vom Praktizieren der Gerechtigkeit. Wenn ein echter Christ in diesem Bereich in Sünde fällt, wird er dasselbe erleben wie David in Psalm 51 und 32: Er wird sich furchtbar fühlen. Nachdem Petrus den Herrn verleugnet hatte, hat er sich schrecklich gefühlt und hat nicht damit weitergemacht. Auch wenn nur eine einzelne Übertretung vorliegt, ist Buße notwendig. Man sollte dabei nicht verurteilend, sondern sanftmütig auftreten. Gott ist der Richter, und er fordert zur Buße auf. Das Aufhören mit der Sünde und die Bitte um Vergebung verhindern nicht die schlimmen Folgen der Tat. David erhielt Vergebung, aber er konnte den Konsequenzen nicht entrinnen (2Sam 12,7-14). Wenn ein Christ sündigt, so wird Gott ihn züchtigen (Hebr 12,5-11). Diese Person muß eventuell auch unter Gemeindezucht gestellt werden (1Kor 5), die in verschiedenen Graden auszuüben ist.

Oft erfordert der Prozeß von Buße und Umkehr ständige Betreuung oder Seelsorge. Wenn das der Fall ist, so sollten wir dafür sorgen, daß das auch geschieht. Es kann von uns selbst oder von geeigneten Mitarbeitern in der Gemeinde durchgeführt werden. Bei Unzucht müssen etliche Punkte in Betracht gezogen werden. Haben die zwei Übertreter sich tatsächlich und deutlich getrennt? Ist der Kontakt abgebrochen oder wird er jetzt wenigstens verhindert? Sind in einer Ehe, die durch einen Partner gebrochen worden ist, beide Ehepartner seelsorgerlich betreut worden? Die verletzte oder betrogene Person könnte Hilfe zur Vergebungsbereitschaft brauchen und soll mithelfen, die Gefahren zu meiden. Der Übertreter braucht Hilfe, um seine Ansichten und sein Gedankenleben zu verändern. Dazu können neben dem sexuellen Bereich auch andere Bereiche gehören. Durch welche Gedanken oder Ereignisse kam es zum Ehebruch? Bei Unzucht von Ledigen hat man früher immer erwartet, daß sie nun heiraten, ob nun Aussichten auf eine gute Ehe bestanden oder nicht. Oft waren sie nur körperlich voneinander angezogen, und das ist eine schlechte Grundlage für eine Ehe. Ist der zukünftige Partner überhaupt gläubig? Die heutige Gewohnheit von Freundschaften und „miteinander gehen" muß mit den biblischen Prinzipien über reine Gedanken und ein reines Verhalten in Einklang gebracht werden. Jede ungesunde Beziehung sollte aufgedeckt und in Ordnung gebracht werden. Der Weg zur Vergebung muß erklärt und biblisch angewendet werden. Es gibt noch viele andere Punkte, aber als Einführung ins Thema soll das genügen.

Drogen und Alkohol

In diesem Bereich ist besondere Aufmerksamkeit und Hilfe nötig, damit sichergestellt wird, daß das Problem gelöst ist und Wiederholung vermieden wird. Man muß herausfinden, welche Drogen für wie lange genommen wurden. Liegt wirklich eine Sucht vor? Besteht die Bereitschaft, jetzt vollständig damit aufzuhören? Wenn das so ist, brauchen sie andauernden Beistand und Betreuung. Sie müssen jemandem gegenüber verantwortlich sein. Der Ratsuchende sollte Kontakt zu Gläubigen aufnehmen, die Sieg in diesem Bereich erlebt haben. Weltliche Gruppen können helfen, aber dort geht es nicht um Christus. Alles, was wir unternehmen, soll auf Gottes Wort gegründet sein. In diesem Bereich besteht eine große Gefahr zum Rückfall. Man braucht gutes Unterscheidungsvermögen, um festzustellen, ob der Süchtige sich ehrlich verpflichtet hat und mit Gottes Hilfe wirklich aufhören will.

Konflikte und Streit

„Wenn möglich, soviel an euch ist, lebt mit allen Menschen in Frieden" (Röm 12,18). Das ist recht deutlich. Manchmal scheint das unmöglich zu sein, aber wenn es irgend möglich ist, so sollen wir, um des Herrn willen und zu unserem eigenen Wohl, alles vermeiden, was Streit und Konflikte verursacht. Ein großer Teil kommt daher, daß wir dickköpfig sind oder daß wir immer und um jeden Preis recht haben wollen. Manche müssen immer das letzte Wort haben. Wir müssen wirklich Buße darüber tun und die Sündhaftigkeit in unseren Motiven erkennen, die hinter solchen Streitigkeiten liegen. „Alle Wege eines Mannes sind rein in seinen Augen, aber der Herr wägt die Geister (Motive)" (Spr 16,2). „Durch Übermut (Stolz) gibt es nur Zank" (Spr 13,10). „Ein zänkischer Mann schürt den Streit" (Spr 26,21). Streit muß von allen Beteiligten mit dem Einvernehmen beigelegt werden, daß es egal ist, wer damit angefangen hat. Wir müssen Buße über alles tun, durch das der Streit entstehen und fortgesetzt werden konnte. Soll der andere sich doch im Recht fühlen, sogar auf unsere Kosten. Unser Ziel sollte sein, in den Augen des Herrn recht zu handeln und Frieden zu suchen wo immer nur möglich. Dazu gehört Streit zwischen Ehepartnern, endlose Konflikte zwischen den Kindern oder zwischen Eltern und Kindern. Dazu gehören gewiß auch Streitigkeiten in der örtlichen Gemeinde (und damit Parteisucht), Streit in der Schule, Arbeit oder Nachbarschaft. Die Lösung des Problems beginnt mit einer echten und tiefen Buße bei allen, die in den Streit verwickelt waren. Darüber hinaus gilt: „Suche Frieden und jage ihm nach" (Ps 34,14). „Gesegnet sind die Friedensstifter" (Mt 5,9).

Stolz

Wenn wir einsehen, daß Stolz zu den sieben Dingen gehört, die der Herr verabscheut, verstehen wir, warum darüber Buße nötig ist (Spr 6,16.17). „Jeder Hochmütige ist dem Herrn ein Greuel“ (Spr 16,5). Diese Sünde hat dazu geführt, daß Luzifer von Gott gerichtet worden ist (Jes 14,13-15). Aus Stolz verherrlichen wir uns selbst, anstatt den Herrn zu ehren. Stolz ist die Ursache der meisten Konflikte.

Es scheint den meisten Menschen schwerzufallen, diese innere Verdorbenheit zu erkennen. Trotz der häufigen Ermahnungen in der Schrift, demütig oder sanftmütig zu sein, sind die Menschen im allgemeinen nicht so. Die Jünger verstanden die Lektion über Demut anscheinend nicht, die der Herr ihnen bei der Fußwaschung beibringen wollte (Joh 13). Diese notwendige, offensichtliche und gebräuchliche Aufgabe ließ sie unberührt. Nicht die Jünger, sondern der Herr ergriff die Initiative. Wenn man jemanden vorwirft, stolz zu sein, wird es wohl kaum vorkommen, daß er es bereitwillig zugibt. Nur im geduldigen Gespräch mit Fragen wird ein Mensch, der offen für das Wirken des Geistes ist, so etwas zugeben. Dann kann Buße folgen. Wenn man mit dieser Sünde weiterlebt, wird die Beziehung zum Herrn total zerbrechen. Stolz mag sich hinter Selbstvertrauen oder Unabhängigkeit verbergen, aber die Wurzel dessen ist trotzdem Stolz. Sie muß ausgerissen werden.

Sündige Einstellungen gegenüber Gott

Es ist schlimm, wenn man gegenüber anderen eine sündige Einstellung hat. Es ist noch schlimmer, wenn sich das gegen Gott, unseren Schöpfer und Gebieter, richtet. Das wird deutlich, wenn wir überlegen, wer wir sind und wer er ist. Er ist der Töpfer und wir sind der Ton (Jer 18,1-6). Er hat das vollkommene Recht, mit uns so umzugehen, wie er will, so wie der Töpfer mit dem Ton. Wir sind mit einem Preis erkauft. Wir gehören nicht uns selbst (1Kor 6,20; 7,23). Sobald wir das vergessen, müssen wir Buße darüber tun.

Am schlimmsten ist wohl Haß auf Gott, aber auch Ablehnung und Bitterkeit gegenüber Gott, woraus schließlich Haß entspringt. Das wird selten offen ausgesprochen und muß deshalb direkt erfragt werden: „Bist du in deinem Herzen bitter auf Gott?" Man wendet sich gegen den Herrn, weil man unzufrieden oder verärgert darüber ist, wie das Leben läuft, oder wegen eines Todesfalls oder Unglücks. Sie klagen Gott an und geben ihm die Schuld, weil er zugelassen hat, daß bestimmte Dinge passiert sind. Es mag jedoch etwas mit den Folgen ihrer eigenen Sünde zu tun haben, oder, wie in Hiob (Hi 1 und 2) mit den Angriffen des Teufels. Es mag sein, daß wir nicht in der Lage sind, die Ursache der Leiden zu entdecken oder zu verstehen. Oft kommt es vor, daß Leute, die dem Herrn überhaupt nicht nachfolgen, sehr zornig auf ihn werden, weil ihnen bestimmte Entwicklungen oder Folgen ihrer eigenen Entscheidungen nicht gefallen. Sogar bei Gläubigen kommt es vor, daß sie denken, Gott müßte ihnen irgendwie dankbar sein, weil sie versucht haben, ein ordentliches Leben zu führen. Aber er ist niemanden etwas schuldig. Er ist der Gott der Gnade, die wir sündige Menschen nicht verdient haben. Man kann die Bücher des Himmels durchforschen und wird nicht den kleinsten Hinweis darauf finden, daß Gott dem Menschen irgend etwas schuldig ist. Es ist nur auf seine Barmherzigkeit zurückzuführen, daß wir nicht aufgerieben sind (Kla 3,22).

Was soll man über die Vernachlässigung von Gott noch sagen? Die Menschen, die sich am lautesten beschweren, haben oft die Ansprüche Gottes auf ihr Leben völlig ignoriert. Sie behaupten, daß sie an ihn glauben, daß sie ihn als ihren Schöpfer und Herrn anerkennen. Sie leben jedoch ganz unabhängig von Gott, ohne seinen Willen zu beachten. Sie vergessen dabei, daß sie eigentlich dazu geschaffen worden sind, Gott zu erfreuen und zu verherrlichen. Christus ist für uns „gestorben, auf daß die, welche leben, nicht mehr sich selbst leben, sondern dem, der für sie gestorben ist ..." (2Kor 5,15). Sie suchen nicht nach seinem Willen. Meistens beten sie nur, wenn sie gerade etwas wollen oder in Not geraten sind. Sie geben dem Herrn nicht die Erstlinge ihres Einkommens (Spr 3,9). Sie widmen ihre Zeit nicht seinen Interessen. Sie leben in erster Linie für sich selbst. Sollte man darüber nicht Buße tun?

Falsche Prioritäten

Das hängt eng mit dem vorangegangenen Gedanken zusammen. Jesus sagte: „Trachtet zuerst nach dem Reiche Gottes und seiner Gerechtigkeit ..." (Mt 6,33). Wenn Menschen, und besonders Christen, nicht so leben, so sind sie ungehorsam und müssen Buße tun. Hat Gott den ersten Platz in unserer Zuneigung, in unserem Dienst, in der Verwendung von unserer Zeit, unserem Besitz und in der Verwendung von allem, was er uns gegeben hat? Wenn nicht, müssen wir Buße tun und unser Verhalten ändern, um seinen Segen zu erfahren. Wir sind auf seine Hilfe und seine Kraft angewiesen, um Schwierigkeiten zu überwinden und um siegreich zu leben.

Man sollte die Notwendigkeit der Buße in der Seelsorge niemals übersehen. Wenn wir Gottes Beistand zu einem siegreichen Leben brauchen, so müssen wir diese grundlegende Bedingung erfüllen.

Fragen zum Selbststudium

1. In welcher Weise wurde Ihr Verständnis von echter Buße durch dieses Kapitel geändert? Wie würden sie oberflächliche, unvollständige oder vorgetäuschte Buße erkennen?

2. Wie würden Sie vorgehen bei einer Person, die Buße tun muß (bei jemand, der gerettet und der verloren ist)? Wie ist Ihnen das in der Vergangenheit gelungen oder mißlungen?

3. In diesem Kapitel werden sechs Bereiche besprochen, wo Buße nötig sein kann. Nennen Sie jeden Bereich und beschreiben Sie, wie Sie mit einer Person umgehen würden, bei der Sie dieses Problem vermuten oder erkannt haben.

Kapitel 11

Hilfe für unglücklich Verheiratete

Eine der traurigsten Entwicklungen in der modernen Gesellschaft sind die vielen kaputten Ehen und zerbrochenen Familien. Davon ist auch die Gemeinde nicht verschont geblieben. Zwar war sie in den vergangenen Jahrzehnten ein Bollwerk gegen Scheidung und Zerrüttung der Familie, aber jetzt ist sie dem Druck der Gesellschaft zum Opfer gefallen. Dadurch ist die Zahl der Christen (und derer, die sich als solche bezeichnen), die wegen Eheproblemen seelsorgerliche Hilfe suchen, sprunghaft angestiegen. Es wurde sogar noch schlimmer: Einige Ehen zerfallen und die Partner verlassen die Gemeinden, ohne Rat und Hilfe gesucht zu haben.

Gott – nicht der Mensch – hat die Ehe erfunden. Er hat sie bei unseren Vorfahren eingesetzt, wie uns in 1.Mose berichtet wird. Sie sollte zum Glück und Wohl der Menschen beitragen. Gott hat in seinem Wort auch deutlich gesagt, wie man sich verhalten muß, damit die Ehe erfolgreich ist. Das Problem liegt darin, daß man nicht mehr auf Gott hört und seine eigenen Wege geht. Der Herr sagt, daß er Scheidung haßt (Mal 2,16). Er hat die Gründe für eine erlaubte Scheidung drastisch eingeschränkt (Mt 5,32; 19,5). Er hat Ehebruch verboten und warnt vor den Konsequenzen (Mt 5,27). Er wies die Männer an, ihre Frauen so zu lieben, wie Christus die Gemeinde geliebt hat (Eph 5,25). Er ordnete an, daß die Frauen sich ihren Ehemännern unterordnen sollen (Eph 5,24; 1Petr 3,1). In diesen und andern Bereichen haben die Menschen Gott ignoriert und einen furchtbaren Preis dafür bezahlt.

Wenn ein Ehepaar uns um Rat bittet, müssen wir einen Weg finden, die Spannungen und Mißverständnisse auszuräumen, um die zerbrochene Beziehung zu heilen. Es hilft ihnen nicht, wenn wir sie verurteilen. Sie brauchen unseren Beistand und unser Verständnis. Die Ursachen für diese Probleme sind sehr verschiedenartig. Oft liegen unrealistische Erwartungen oder Anforderungen zugrunde, die dann die Beziehung sehr belasten. Vielleicht wissen die Ehepartner nicht, wie sie miteinander umgehen sollen. Viel von dem, was uns Gottes Wort und auch der gesunde Menschenverstand lehren, wurde durch unbiblische und humanistische Einflüsse untergraben. Dadurch haben viele nur eine sehr verschwommene Vorstellung davon, wie wir uns als Mann und Frau in unseren verschiedenen Rollen verhalten sollten. Oft ist kaum Verständnis oder Rücksicht für den Partner vorhanden. Schon zu Beginn der Ehe mag es sein, daß die Partner nicht gerade ideal zueinander passen. Es können Untreue oder gebrochene Versprechen vorliegen. Die meisten Konflikte gehören zu den folgenden großen Bereichen: 1) Kommunikation oder Streitigkeiten; 2) Schulden, Umgang mit Geld; 3) sexuelle Schwierigkeiten oder fehlendes Aufeinander-eingehen; 4) unterschiedliche Ansichten, wie man die Kinder erziehen soll; 5) Mißverständnisse und Ablehnung von nahen Verwandten (z.B. Schwiegermutter); 6) verschiedene Vorstellungen über die Rollen in der Ehe.

Zu Beginn der Seelsorge sollte man einige wichtige Fragen klären:

- Will man die Ehe wirklich in Ordnung bringen und alles tun, damit sie gut läuft?
- Wenn nicht, aus welchem Grund?
- Vermutet man Untreue (oder Unehrlichkeit) beim Partner?
- Wirkt sich der Beruf oder die Anforderungen dort negativ auf die Ehe aus?
- In welchen Bereichen liegen die Hauptprobleme (siehe oben)?
- Hat die Ehe überhaupt mal richtig funktioniert, zumindest am Anfang? Wenn ja, wann haben die Probleme begonnen? An welchem Punkt fing es an, schief zu laufen? Wann und wo begann die Beziehung zu bröckeln?

Eine der Aufgaben, die sich für den Autor als hilfreich erwiesen haben, ist: Jeder der Ehepartner soll vor dem nächsten Treffen (was auf jeden Fall nötig ist) für sich drei Bereiche aufschreiben, wo er möchte, daß der Partner sich ändert. Sie sollen nicht miteinander über die Antwort sprechen, sondern sie nur zum nächsten Treffen mitbringen, damit man sie anschauen und vergleichen kann. Dann fragt man jeden der beiden, was der Partner ihrer Meinung nach aufgeschrieben hat, wo sie sich ändern sollen. Meistens wird der Partner den Wunsch des anderen bestätigen. Mit anderen Worten: Sie wissen, welche Veränderungen der andere sich wünscht, aber sie haben nichts unternommen. Warum nicht? Formuliere die Vorschläge zu Zielen um. Jeder der Partner sollte bereit sein, bewußt daran zu arbeiten, wenn er wirklich die Beziehung verbessern will. Überprüfe, wie gut sie vorankommen.

Wer sich selbst mehr als „professionellen“ Seelsorger betrachtet und gerne „wissenschaftliche“ Tests verwendet, wird normalerweise Fragebögen zur Bestandsaufnahme für die Ehe benutzen. Andere werden den Taylor-Johnson-Test zur Analyse des Temperaments verwenden, um die persönlichen Eigenheiten und Fähigkeiten herauszufinden. Ein Test mit gegenseitiger Beurteilung wird zeigen, wie jeder den anderen einschätzt. Aber ist diese Einschätzung wirklich realistisch? Solche Tests sind recht hilfreich, wenn man jemand nicht persönlich kennt. Wir sollten aber nicht denken, daß sie unbedingt nötig sind, um Ehepaaren helfen zu können. Auf jeden Fall sind sie kein Ersatz für das Wirken des Heiligen Geistes beim Seelsorger und bei den Ratsuchenden.

Es folgen einige konkrete Vorschläge für die einzelnen Bereiche, wo häufig Konflikte vorkommen:

Verständigung und Streit

Wie sehen die Probleme dabei aus? Eine Möglichkeit, um das herauszufinden, ist, jedem der beiden ein Blatt mit folgenden Fragen zu geben:

- Was stellt man sich unter Kommunikation vor?
- Was fehlt am häufigsten, wenn man sich mit dem Partner unterhält?
- Was versteht man unter „dem Partner zuhören“?
- Welche negativen Dinge oder Hindernisse tauchen immer wieder bei der Unterhaltung mit dem Partner / der Partnerin auf?

Man sollte jedem Ehepartner eine Kopie der folgenden Liste mit 12 Vorschlägen geben, wie man die Kommunikation verbessern kann. Sie kreuzen jetzt an, was in ihrem eigenen Verhalten verbessert werden kann. Wie könnte man das verbessern? Wann haben sie am liebsten ihre Ruhe? Wann würden sie sich am liebsten miteinander unterhalten?

- Höre still zu, ohne zu reagieren (Spr 11,12).

- Vergiß nicht, daß man möglicherweise unrecht hat (Spr 12,15).

- Man sollte sich zurückhalten, damit man während eines Gesprächs nicht explodiert (Spr 12,16).

- Rede sanft, nicht mit einer scharfen Zunge (Spr 12,18).

- Sei mehr darauf bedacht, den anderen zu verstehen, als darauf, die eigene Meinung an den Mann zu bringen (Spr 18,2).

- Höre erst bis zu Ende zu und dann gib deine Meinung ab (Spr 18,13).

- Vermeide impulsives, unüberlegtes Reden (Spr 29,20).

- Vergiß nicht, wie schwer es ist, mit einer zänkischen Person zurechtzukommen.

- Es ist weise, wenn man solche Eigenschaften wie Demut, Sanftmut, Geduld und Vergebungsbereitschaft an den Tag legt (Eph 4,2).

- Ist unser Beitrag zur Unterhaltung für den anderen wirklich auferbauend ist? (Eph 4,29).

- Vergiß nicht den Grund, warum wir andere lieben und ihnen vergeben sollen (Eph 4,32).

- Versöhnung, noch am selben Tag, tut not (Eph 4,26).

Es ist wichtig, daß die beiden sowohl die Notwendigkeit einsehen, als auch die Wege verstehen, wie sie Streitigkeiten verhindern können. Besonders zornige und verletzende Streitereien sollten abnehmen. Wegen ihrem eigenen Wohl und zum Wohl der Kinder soll das Paar sich vornehmen, alles zu tun, um in der Familie ein Klima der geduldigen Kommunikation zu schaffen, ein Klima von Harmonie, Zurückhaltung, Einander-ertragen und Vergeben. Die Alternative dazu sind ständige Streitereien, scharfe Worte und Ehekrach. Das ist ein giftiges Klima. Ein Grund dafür ist Stolz, der zu egozentrischem Denken führt (Spr 13,10). Wenn wir entschlossen sind, unseren eigenen Kopf durchzusetzen und immer recht haben müssen, egal was es kostet, öffnen wir dem Streit Tür und Tor. Der Partner mag schwierig sein, aber trotzdem ist es nötig, mit ihm so umzugehen, daß Frieden herrscht. Wir müssen ein harmonisches Familienleben anstreben. Wir sollten bereit sein, die Kosten dafür zu tragen, indem wir unsere eigenen Worte und unseren Stolz hinunterschlucken (Röm 12,18). Es gibt viele Verse, mit denen Gott das Beenden solcher Streitigkeiten befiehlt (Gal 5,20; 1Kor 3,3; Eph 4,31; Kol 3,8; Jak 1,20; Spr 17,14). Sowohl eine zänkische Frau (Spr 19,13; 21,19; 27,15) als auch ein zänkischer Ehemann (Spr 26,21) vergiften die Atmosphäre in der Familie.

Nachdem man diese Verse studiert hat, fragt man sie, was jeder von ihnen tun müßte, um die Häufigkeit und die negativen Auswirkungen von Streit zu verringern. Zum Beispiel: „Welches Übereinkommen oder welchen Kompromiß könnt ihr schließen, mit dem ihr beide einverstanden seid, damit diese Themen beiseite gelegt werden können und weiterer Streit darüber vermieden wird?“ Laß keine Diskussion zwischen den Partnern zu, bis sie sich beruhigt haben, die Fakten klar sehen und den Willen des Herrn im Gebet gesucht haben. Sie sollen aufhören zu sticheln oder zynische Bemerkungen zu machen. Als Seelsorger mußt man in einem solchen Gespräch, wo es darum geht, wie sie Streit vermeiden können, vielleicht wie ein Vermittler dienen.

Schulden, Finanzen

Dieser Bereich ist eine sprudelnde Quelle für Spannungen in der Ehe. Aber man kann viel unternehmen, um hier Anlaß zum Streit zu vermeiden. Der Ehemann soll seine Familie versorgen (1Tim 5,8). Wenn er nicht arbeiten will, nicht fleißig ist und vom Einkommen seiner Frau abhängt, liefert das Anlaß zu Problemen. Das Ehepaar muß sich genauestens an die Anweisungen der Bibel über Schulden halten. Das bedeutet, daß sie keine Schulden machen. Viel Spannung entsteht, weil unbezahlte Rechnungen sich mehren, weil einer oder beide zuviel auf Raten kaufen oder das Konto überziehen. „Seid niemand etwas schuldig“ (Röm 13,8). Dieser Vers bezieht sich nicht auf regelmäßige Zahlungen wie Miete oder die Stromrechnung. Er betrifft die „Kaufe jetzt, zahle später“-Ideologie. Diese Einstellung kommt aus dem Verlangen, alles sofort haben zu müssen. „Der Borgende ist ein Sklave des Leihenden“ (Spr 22,7). Wie wahr das ist! Man kann anderen nichts geben und nicht einmal sich selbst helfen, wenn man dauernd in Schulden steckt. Und was noch schlimmer ist: Man kann dem Herrn nicht so geben, wie man soll. „Ehre den Herrn von deinem Vermögen (= materieller Besitz), und von den Erstlingen deines Ertrages (= Einkommen) ...“ (Spr 3,9). Wer Schulden hat, gehorcht dem Herrn in dieser Angelegenheit meistens nicht. Wenn man es aber tut, erhält man den verheißenen Segen: „... so werden deine Speicher sich füllen mit Überfluß" (Spr 3,10). Oft verstehen die Leute nicht, daß sie Gott berauben, wenn sie nicht angemessen geben (Mal 3,8-10). Er sagt dann: „Mit dem Fluche seid ihr verflucht." Paulus sagt es deutlich: „An jedem ersten Wochentage (regelmäßig) lege ein jeder von euch bei sich zurück und sammle auf (systematisch), je nachdem er Gedeihen hat (ein bestimmter Teil des Einkommens) ..." (1Kor 16,2). Bring ihnen bei, wie sie einen Familienetat aufstellen und ihren finanziellen Verhältnissen entsprechend leben können: zuerst an Gott geben, danach die eigene Not decken, und was dann übrig bleibt, kann gespart oder für besondere Wünsche verwendet werden.

Sexuelle Unterschiede

Dieses Thema ist nicht alles in der Ehe, aber es ist doch ein wichtiger Bestandteil. Besprecht zuerst, daß der Herr Mann und Frau als Wesen mit sexuellen Bedürfnissen und Wünschen geschaffen hat, mit unterschiedlichen Empfindungen. Der letzte Punkt ist von großer Bedeutung. Eine Quelle von Mißverständnissen ist, wenn man nicht erkennt, daß Mann und Frau ganz verschieden reagieren und empfinden. Es ist wichtig, daß beide Partner die unterschiedlichen körperlichen und emotionalen Empfindungen und Reaktionen verstehen und sich entsprechend verhalten. Durch Einfühlungsvermögen und offenes Reden über dieses Thema können die meisten Schwierigkeiten überwunden werden.

Die Anweisungen der Bibel sind einfach und treffend:

Erfülle die sexuellen Bedürfnisse des Partners. Unser Körper gehört unserem Partner, nicht uns (1Kor 7,3.4). Sexualität darf nicht als Druckmittel verwendet werden.

Sexuelle Beziehungen in der Ehe sind in Gottes Augen richtig und rein, nicht schmutzig oder etwas, was man halt ertragen muß (Hebr 13,4). Jemand sagte: „Ich kann zum passenden Zeitpunkt am passenden Ort ohne mich zu schämen über das reden, was Gott ohne sich zu schämen geschaffen hat."

Wir sollen versuchen, uns zu verstehen und uns in unseren sexuellen Beziehung entsprechend kooperativ verhalten. Zwischen Mann und

Frau bestehen körperliche und emotionale Unterschiede, und man erlebt Situationen verschieden (1Petr 3,7).

Eine kurze Auflistung der Unterschiede kann einigen helfen, sich daran zu erinnern:

Die sexuelle Reaktion bei Männern ist normalerweise schnell, oft zu schnell. Frauen brauchen eine längere Zeit der Anregung. Das braucht Einfühlsamkeit.

Männer werden visuell stimuliert, während Frauen auf emotionale und situationsbedingte Faktoren reagieren (Nervosität, Lärm, Geruch, Geborgenheit).

Männer können sexuell erregt werden, ohne daß sie persönliche Gefühle für eine Frau empfinden. Das wäre für eine Frau abnormal und ist für sie völlig unverständlich. Es birgt eine große Gefahr für den Mann.

Männer sind schnell sexuell befriedigt. Für Frauen gilt genau das Gegenteil. Sie braucht Zeit und seine Pflicht ist es, darauf zu achten, daß die Partnerin zufrieden ist.

Männer sind weniger kompliziert; ihre sexuellen Reaktionen sind mehr auf einen Punkt konzentriert. Frauen sind in mehreren Bereichen empfindlich.

Es gibt christliche Schriften und Bücher, die Hilfe anbieten, um Ehepaaren beizustehen, sexuelle Probleme zu überwinden. Wenn solche Hilfe benötigt wird, sollte man sie benutzen.

Als letzter Rat: Man sollte nie mit seiner Frau schlafen, wenn sie über irgend etwas verärgert oder verletzt ist.

Meinungsverschiedenheiten über den Umgang mit Kindern

Der Anlaß dazu sind meist verschiedene Meinungen darüber, was zu streng und was zu nachlässig ist. Beachtet dabei, daß Gott in seinem

Wort Züchtigung befiehlt. Er geht so mit uns um, und es ist ein Zeichen seiner Liebe zu uns (Hebr 12,5-10). Züchtigung der Kinder schließt körperliche Strafe ein, sofern sie angemessen ist. Wenn man die Kinder nicht züchtigt, wenn es nötig wäre, so haßt man seine Kinder (Spr 13,24). Man liebt sie nicht genug, um sie zu züchtigen. Strafe oder die Rute wird oft in der Schrift erwähnt (Spr 22,14; 23,13.14 u.a.). Die Bibel lehrt deutlich, daß körperliche Strafen angebracht sind. Jedoch ist das keine Entschuldigung für Kindesmißhandlung, Brutalität oder Verletzungen. In manchen Ländern kann man dafür angeklagt oder bestraft werden, auch wenn keine ernste Kindesmißhandlung vorliegt.

Das Wichtigste bei der Züchtigung der Kinder ist, daß sie klar verstehen und einsehen, daß es um ihr Wohl geht und daß Euer Motiv dabei nicht Zorn, sondern besorgte Liebe ist. Man sollte ein Kind niemals züchtigen, solange man zornig ist. Ein anderer Faktor ist Konsequenz. Es ist verwirrend für die Kinder, wenn man einmal etwas Verkehrtes durchgehen läßt und sie ein andermal dafür bestraft. Natürlich werden die Kinder die Eltern testen und herausfordern, manche mehr als andere. Dazu braucht man Geduld. Aber man muß konsequent sein. Sorgt dafür, daß beide Eltern am gleichen Strang ziehen und in der Erziehung zusammenarbeiten, nach den Regeln, über die sie sich geeinigt haben. Ein sehr gutes Konzept, über das man geteilter Meinung ist und über das man vor den Kindern streitet, ist nicht so wirksam wie ein schlechteres Konzept, das konsequent von beiden aufrechterhalten wird. Die Kinder werden die Eltern sonst darüber entzweien und gegeneinander ausspielen. Verliert das Ziel nicht aus den Augen: Es geht um die Entwicklung ihres Charakters und um gute Gewohnheiten, zu ihrem Wohl. Ziele auf langfristige Veränderung, nicht nur auf kurzfristigen Frieden. Versuche nicht, Zugeständnisse als Taktik zu benutzen. Auf lange Sicht hat es keinen Erfolg. Benutze nicht den eigenen Familienhintergrund oder die nationalen Gewohnheiten als Ausrede dafür, daß man Gott in der Erziehung nicht gehorcht.

Verwandte, Schwiegereltern

Wenn man jemanden heiratet, heiratet man in gewissem Sinn in die Familie ein. Damit meinen wir, daß man nicht erwarten kann, daß sich jemand völlig von seiner Mutter, seinem Vater und anderen Lieben trennt. Jeder hat Verpflichtungen. „Ehre deinen Vater und deine Mutter" (Eph 6,2). Das ist eines der Zehn Gebote, das im Neuen Testament wiederholt wird. Man muß entscheiden, wie das in der Praxis ausschauen soll. Zugleich gilt aber auch das Prinzip: „Darum wird ein Mann seinen Vater und seine Mutter verlassen und seiner Frau anhangen, und sie werden ein Fleisch sein" (1Mo 2,24). Was bedeutet das? Wenn man ein Fleisch wird, mußt man das Heim der Eltern verlassen und eine neue Familie gründen. In diesem Zusammenhang sollten wir vielleicht sagen, daß es im allgemeinen nicht gut ist, wenn man mit den Schwiegereltern unter einem Dach lebt. Daraus können Probleme entstehen. Es ist auch nicht gut, wenn man auf die Schwiegereltern in bezug auf finanzielle Unterstützung, Arbeitsplatz oder andere Hilfe angewiesen ist. Man sollte auf eigenen Füßen stehen. Ein tiefer Schatten wird auf Ehen geworfen, wo die Schwiegereltern sich dauernd einmischen, oder wo es den Anschein hat, daß sie es möchten, auch wenn es nur gut gemeint ist. Aber besonders trifft das im Bereich von kritischen Bemerkungen zu. Vorsicht! Man sollte darauf achten, daß man den Partner nicht mit anderen vergleicht, wie zum Beispiel: „Meine Mutter hat so toll gekocht und den Haushalt so prima geschmissen. Warum bist du nicht so?" Oder: „Mutter hat es immer so gemacht"; „Papa hat es immer so gemacht. Warum machst du es nicht so?" Das erregt nur Zorn und Widerwillen.

Verschiedene Vorstellungen von Rollen und Verantwortlichkeiten in der Ehe

In der modernen westlichen Welt gibt es in diesem Bereich eine Menge Meinungen, die der Schrift völlig widersprechen. Wenn die eigenen Ideen aus dieser Quelle kommen, wird man dem Wort Gottes nicht gehorchen. Die Welt zieht die Gleichheit in der Ehe vor. Damit ist gemeint, daß Mann und Frau in gleicher Weise die Familie führen. Sie sollen „sich einander unterordnen". Durch diesen Gedankengang wird die Lehre der Schrift angegriffen und als „hierarchisch, patriarchisch oder überholt" abgetan. „Es war damals so, rein kulturell bedingt." Es ist dabei nicht erstaunlich, daß die Bibel genau das lehrt, was die Welt verachtet. Lest Epheser 5,21-33 und überzeugt euch selbst davon. Wir sollen die Rollen erfüllen, die Gott uns vorgegeben hat. Es ist dabei wichtig zu betonen, daß dies nichts damit zu tun hat, daß die Frau angeblich weniger wert sei als der Mann. Wir sind gleich in Christus (Gal 3,28). Wir sind beide „Miterben der Gnade des Lebens“ (1Petr 3,7). Wir sind „ein Fleisch“, nicht einzelne Individualisten. Aber was die Aufgaben betrifft, wurde die Frau erschaffen, um dem Mann eine Hilfe zu sein (1Mo 2,18), nicht anders herum. Die Führungsrolle des Ehemannes rechtfertigt keine Diktatur, Tyrannei, Härte oder rücksichtsloses Herrschen. Wenn die Ehemänner wirklich beständige und zuverlässige Führungspersonen wären, die die Familie versorgen und Entscheidungen treffen etc., wären die Frauen hoch erfreut. Wenn die Ehemänner in diesen Bereichen versagen, sind sie eine Enttäuschung für ihre Frauen. Männer sollten nicht traurig sein, weil sie keine Kinder bekommen können. Das ist nicht ihre Aufgabe. Wir sind so geschaffen, mit verschiedenen Körpern, Empfindungen, Gefühlen, Rollen und Aufgaben. Mit der Bibel gab unser Schöpfer uns die Gebrauchsanleitung vom Hersteller. Daran sollte man sich halten.

Liebe

Nun kommt die große Frage der Ehe: „Liebt ihr einander?“ Vorher sollten wir eine andere Frage stellen: „Versteht ihr, was Liebe bedeutet?“ Wenn junge Leute heiraten wollen, haben sie oft überhaupt keine Ahnung, was Liebe bedeutet. Sie haben den Eindruck gewonnen, daß Liebe ein wunderbares Gefühl ist. Zum großen Teil geht sie auf dic körperliche Attraktivität des Partners zurück. „Liebe ist etwas, das man fühlt“, denken sie. Sie kennen die Liebe, die man ausübt, noch nicht, die opferbereite Liebe, die konstruktive Liebe, die das Wohl des anderen sucht. Bitte sie, ihre Antworten auf einige wichtige Fragen aufzuschreiben. Sie sollen das jeder für sich allein erledigen. Danach kann man mit den beiden zusammen darüber sprechen.

Man sagt manchmal: „Ich liebe meine Frau“ oder „Ich liebe meinen Mann“. Was meint man damit?

Wie unterscheidet sich diese Liebe von der Liebe, die man vor der Heirat oder zu Beginn der Ehe hatte?

Wie zeigt man seine Liebe zu seinem Partner auf konkrete und praktische Weise?

Wie kann ein Ehemann seine Frau lieben (Eph 5,25-29)? Wie kann eine Frau ihren Mann ehren (Eph 5,33)? Wie sieht das in eurer Ehe praktisch aus?

Erwartet man, daß der Partner / die Partnerin alle Bedürfnisse, wie man sie sieht, erfüllt? Welche Bedürfnisse kann er / sie nicht erfüllen?

Gemeinsame Zeit

Die Eheleute sollten gemeinsam Zeit zur Erholung und zum Austausch verbringen. Vielleicht vernachlässigen sie das. Wie und wann findet das statt? Geht es dabei nur darum, gemeinsam Veranstaltungen zu besuchen, Ausflüge zu machen oder zusammen Geld auszugeben? Haben sie regelmäßig gute Gespräche miteinander? (Wahrscheinlich nicht.) Bauen sie gemeinsam neue Bekanntschaften auf, die ihnen weiterhelfen? (Wahrscheinlich nicht.) Verbringen sie Zeit zu zweit, die beiden Freude macht? (Wahrscheinlich nicht.) Es ist wichtig, daß der Ehemann sich Zeit nimmt, um seiner Frau aufmerksam zuzuhören, und daß er sich Zeit nimmt, um seinen Kindern aufmerksam zuzuhören. Er sollte auch dafür sorgen, daß die Familie etwas gemeinsam unternimmt, wie Picknick oder gemeinsame Unternehmungen mit anderen Gläubigen. Wodurch wird die Atmosphäre der Freude und des Friedens in der Familie verdorben oder behindert? Nachdem die Wellen sich etwas geglättet haben, wollen wir zusammen einen gemeinsamen Plan für die beiden entwickeln, wie wir Fehler in diesen Problembereichen korrigieren können. Oder noch besser: einen Plan für alle Bereiche, mit Prioritäten, zu dem beide sich verpflichten.

Fragen zum Selbststudium

1. Jemand , der unglücklich verheiratet ist, sucht Hilfe bei Ihnen. Welche Fragen würden Sie stellen, und wie würden Sie versuchen, die tiefer liegenden Probleme herauszufinden?

2. Was haben Sie in dem Abschnitt über Kommunikation und Streit gelernt, das brauchbar ist, um jemand zu helfen? Welche Hindernisse stören Ihrer Meinung gute Kommunikation und Harmonie am meisten?

3. Warum sind fehlendes aufeinander Eingehen und Unzufriedenheit in der Sexualität so wichtig für die Harmonie in der Ehe? Was sind nach Ihren Erfahrungen die wichtigsten Probleme in diesem Bereich?

4. In welchen der besprochenen Bereiche (Finanzen, Umgang mit Kindern, Rollenverständnis, Liebe zeigen, gemeinsame Zeit) liegen Ihrer Erfahrung nach die meisten Probleme? Wie sind Sie mit diesen Problemen umgegangen? Hatten Sie dabei Erfolg oder nicht? Was haben Sie daraus gelernt?

Unglücklich verheiratet – warum?

1. Christus ist nicht der Herr in ihrer Ehe.

2. Sie haben ihre eigenen Charakterschwächen nicht gelöst.

3. Sie beten nicht zusammen und haben keine Gemeinschaft unter dem Wort Gottes.

4. Sie haben sich nicht verpflichtet, an ihrer Ehe zu arbeiten.

5. Sie haben es nicht gelernt, wie man liebevoll kommuniziert (Streitgespräch).

6. Sie sind mit Schulden belastet und behindert durch schlechte Finanzplanung.

7. Sie haben ihre sexuellen Verschiedenheiten nicht gelöst.

8. Sie haben ihre unterschiedlichen Meinungen im Bereich der Kindererziehung nicht gelöst.

9. Sie haben ihre von der Bibel gegebene Rolle (als Mann und Frau) nicht verstanden.

10. Sie haben keine Zeit für ihre schönen gemeinsamen Stunden fest eingeplant.

Kapitel 12

Vorbereitung auf die Ehe

Viele Probleme in der Seelsorge betreffen die Ehe. Deshalb braucht man in der Gemeinde ein gutes Programm, womit man bei der Vorbereitung auf die Ehe helfen kann. Das ist der beste Weg, um Eheprobleme zu verringern und auch Ledigen, die heiraten wollen, zu helfen. Einige Gemeinden unternehmen in diesem Bereich überhaupt nichts. Man organisiert eine Hochzeitsfeier oder einen Traugottesdienst, ohne viel weitere Hilfe anzubieten. Manchmal gibt es sehr kärgliche seelsorgerliche Hilfe. Das kann gut sein, aber es ist nicht genug.

Seelsorge, die auf die Ehe vorbereitet, sollte sich Ziele in zwei Bereichen vornehmen und dazu folgende Fragen erwägen:

Zusammenpassen: Kennen die Ledigen sich gut und lang genug, um realistisch beurteilen zu können, ob sie für immer miteinander leben wollen? In vielen Fällen kommen unrealistische Erwartungen und Fehlbeurteilungen des gewünschten Partners vor. Es genügt nicht, daß beide wirklich gläubig sind. Wie tief ist ihre Hingabe an Christus, und wie reif sind sie?

Stimmen ihre Pläne überein, ihre Ziele für das Leben und für die Ehe? Scheint es, daß sie mit ihrem Temperament zusammen passen? Sind sie wegen der körperlichen Attraktivität oder wegen sexueller Erlebnisse, die sie schon miteinander hatten, voneinander angezogen? So etwas sollte nicht ignoriert werden. Wenn in diesem körperlichen Bereich die Alarmglocken läuten, sind die Aussichten auf eine gute Ehe alles andere als gut.

Auf Schwierigkeiten vorbereiten: Ein weiteres Ziel der Seelsorge, die auf die Ehe vorbereitet, ist, daß die Ledigen zusammen über die Problembereiche nachdenken, in denen später Mißverständnisse und Spannungen auftreten können. Die richtige Zeit, um daran zu arbeiten, ist vor der Hochzeit, nicht hinterher.

Wissen sie, wie man sich unterhält und einander zuhört? Haben sie sich hauptsächlich mit körperlichen Wünschen befaßt und wenig über die anderen Bedürfnisse nachgedacht (Seele, Geist)? Haben sie eine

Vorstellung davon, wie man einen Haushaltsplan mit eingeplanten Gaben für das Werk des Herrn entwickelt? Wie gut sind sie vorher mit ihrem Geld klargekommen? Hat einer von ihnen Schulden? Wieviel? Werden beide arbeiten? Wie lange? Wollen sie Kinder? Wann? Wie sieht ihre Stille Zeit und ihr geistliches Leben jetzt aus, und wie soll ihr gemeinsames geistliches Leben aussehen? Wer sind die Schwiegereltern und die anderen Verwandten, mit denen sie zurechtkommen müssen? Gibt es da potentielle Reibungspunkte? Verstehen sie, wie die verschiedenen Rollen von Mann und Frau aussehen, und sind sie bereit, sie anzunehmen? Haben sie eine Vorstellung davon, wie sie im sexuellen Bereich miteinander umgehen sollten, besonders hinsichtlich der Verschiedenheit von Mann und Frau?

Diese Fragen können uns helfen zu überlegen, wie umfangreich die seelsorgerliche Vorbereitung auf die Ehe sein soll. Wenn man überlegt hat, was die Einzelnen als Vorbereitung auf die Ehe unternehmen sollen, sollte man es aufschreiben und es jedem in der Gemeinde zugänglich machen. Das erlaubt den Ledigen zu entscheiden, ob sie diese Dinge tun wollen. Sie müssen auch vor der Hochzeit genügend Zeit dafür einplanen. Im Anhang zu diesem Kapitel befindet sich das Blatt, worin unser Vorgehen beschrieben wird.

Es folgen einige Bereiche, in denen man Rat geben könnte. Mit jedem sollte man mindestens eine Stunde verbringen. Bei uns arbeiten verschiedene Ehepaare in dieser Vorbereitung mit. Das Ehepaar, welches das entsprechende Thema mit ihnen bespricht, lädt sie meistens zum Essen ein, damit sie sich besser kennenlernen können, und danach reden sie miteinander.

Erstes Treffen: Man sollte dem jungen Paar helfen, sich wohlzufühlen und sich zu entspannen. Dann sollten sie erzählen, wie sie sich kennengelernt haben und wie sie voneinander angezogen wurden. Durch weise Fragen und gutes Beobachten kann man feststellen, wie reif sie sind und ob sie zueinander passen. Wenn man einen Persönlichkeitstest benutzen will, so sollten sie den Test vor dem ersten Treffen ausfüllen und zurückgeben. Es ist auch wertvoll, wenn jeder von ihnen die Persönlichkeit des anderen in einem Test auswertet. Auf diese Weise kann man herausfinden, wie gut sie sich kennen. Man sollte ihnen die Namen und Adressen der Ehepaare, die die einzelnen Themen mit ihnen besprechen werden, geben. Sie sollten selbst mit diesen Ehepaaren Verbindung aufnehmen und die Treffen ausmachen, ungefähr alle vier Wochen eines. Das Treffen über Sexualität soll das letzte sein. Die Ehepaare, die in dieser Vorbereitung auf die Ehe mitarbeiten, sollten nun informiert werden und auch die Namen und Adressen des jungen Paares, das mit ihnen Verbindung aufnimmt, erhalten.

Rolle von Mann und Frau. Hier sollte bei dem Paar Übereinstimmung herrschen, und jeder sollte seine Aufgaben und seine Verantwortung kennen.

Weil heute eine große Verwirrung über dieses Thema besteht, muß man besprechen, was die Bibel darüber sagt. Das moderne weltliche Denken über die Gleichheit in der Ehe ist in der Gemeinde, in christlichen Büchern und Gedanken gefährlich verbreitet. Die biblischen Forderungen Gottes werden als patriarchisch, hierarchisch und kulturell überholt abgetan.

Akzeptiert jeder der beiden (falls sie gläubig sind) bereitwillig, was Gott in seinem Wort über die verschiedenen Rollen niedergelegt hat? Stimmt der zukünftige Ehemann zu, daß es seine Verantwortung ist, seine Frau zu versorgen? Wird die Frau eine Hilfe für den Mann sein? Wird sie sich von ihm führen lassen? Unterordnung berührt in keiner Weise ihren gleichen Wert in Christus oder ihre Ehre als wertvolle Persönlichkeit. Wenn sie anders denkt, so soll sie es vor der Hochzeit sagen. Besprecht Epheser 5,22-33; 1.Korinther 11,3; 1.Petrus 3,1-7; Galater 3,26; Titus 2,4-5 usw.

Die verbreitete Gewohnheit, daß die Frau mitarbeitet und zwei Einkommen da sind, hat das biblische Modell unter Druck gesetzt. Wir kritisieren hier nicht die Ehepaare, die so für ein Haus oder andere Bedürfnisse sparen wollen. Man muß sich dann in der Familie darauf einstellen. Aber die Beziehung wird dadurch mehr belastet.

In Kapitel 11 könnt Ihr weitere Vorschläge für diese und die folgenden Themen finden.

Der Umgang mit den Finanzen, ein Haushaltsplan oder Schulden bilden auch eine Schwierigkeit. Viele Christen haben nicht gelernt, diese Falle zu umgehen. „Der Borgende ist ein Sklave des Leihenden“ (Spr

22,7). Kreditkarten, Dispokredit, Ratenkauf etc. bilden einen Fallstrick, der das Wasser bis an die Kehle steigen läßt. Schulden können einen auch davon abhalten, daß man systematisch und regelmäßig für das Werk des Herrn gibt (1Kor 16,2). Man kann auf diese Weise Gott berauben (Mal 3,8-10). Es kommt schnell vor, daß man sich selbst einigen Luxus gönnt und Gott nicht an die erste Stelle setzt. Aber am Ende wird man der Verlierer sein.

Man sollte ihnen beibringen, wie sie einen Finanzplan aufstellen und wie sie sich daran halten können. Das ist meistens etwas völlig Neues für sie. Man sollte ihnen die Aufgabe stellen, einen Finanzplan auszuarbeiten. Dazu reicht ein einfaches Formular als Hilfe. Wer wird sich um das Bezahlen der Rechnungen kümmern, um den Überblick über die Giro- oder Sparkonten und um die Überwachung der Ausgaben, die sonst leicht den Rahmen sprengen können?

Sie sollen übereinkommen, wie ein passender und vernünftiger Lebensstil für sie aussehen wird, der mit biblischen Prinzipien übereinstimmt. Falls Materialismus eine Gefahr darstellt, so sollte man ihn jetzt bekämpfen.

Der Umgang mit Schwiegereltern und anderen Familienmitgliedern. Wenn man jemanden heiratet, so mußt man in seinem Leben auch bestimmte Verpflichtungen berücksichtigen, die der Partner gegenüber seinen nahen Verwandten hat. Sicherlich kann man sie nicht allein oder mittellos im Stich lassen, sondern soll versuchen, ihnen zu helfen (1Tim 5,16; etc.). Nahe Verwandte sollte man nicht vernachlässigen, sondern ein vernünftiges Maß an Kontakt und Kommunikation aufrechterhalten.

Nachdem wir das gesagt haben, müssen wir darauf hinweisen, daß Gott (in 1Mo 2,24) sehr deutlich das Prinzip von „Verlassen und Anhangen" anspricht. Es wirkt störend, wenn sich die Verwandten einmischen, man finanziell von ihnen abhängig ist oder mit ihnen zusammenwohnt. Vor der Heirat (soweit es zu diesem Zeitpunkt möglich ist) sollte das Paar übereinkommen, wie die Beziehungen zu den Verwandten gepflegt werden, was man wie häufig zusammen unternimmt und wie einige Grundregeln im Umgang mit den beiden Familien aussehen sollen. Dann gibt es hoffentlich keine Überraschungen oder Mißverständnisse.

Kommunikationshilfen. Hier geht es darum, wie man sich auf gesunde Weise unterhält, wie man sich im Gespräch miteinander verhält, wie man richtig zuhört. Dazu gehört, wie man mit Streit umgeht oder ihn vermeidet. In einem Gespräch kann man ruhig austauschen und zusätzliches Verständnis für den Standpunkt des anderen gewinnen. Eine Diskussion kann sich zu einem Streitgespräch entwickeln, wo man versucht, dem anderen die eigene Meinung aufzudrängen. Man strengt sich an, zu siegen und bloß nicht zu verlieren, anstatt sich anzustrengen, zu Verstehen und im Denken flexibel zu sein. Hier sollte der Seelsorge Vorschläge geben, ihnen zu guter Kommunikation helfen oder zumindest, daß sie sich verbessert. Sie sollten jetzt beginnen, es zu lernen, nicht erst später in der Ehe.

Wir müssen mögliche Hindernisse erkennen und versuchen, sie dazu zu bewegen, diese Barrieren abzubauen. Typische Probleme wären:

- einer der beiden ist sehr ruhig – jemand, der normalerweise nicht viel sagt.

- die fehlende Bereitschaft, besonders beim Mann, dem anderen innere Gefühle und Einstellungen zu zeigen.

- unterschiedlicher Hintergrund oder verschiedene Kulturen können ein Hindernis bilden.

Wir sollten mit ihnen besprechen, wie sie Konflikte oder Beleidigtsein friedlich lösen können, damit die Sonne nicht über ihrem Zorn untergeht (Eph 4,26). Hilf ihnen zu erkennen, welche Gefahr es birgt, wenn sie Bitterkeit und Ärger in ihrem Herzen behalten, um es später wieder auf den Tisch zu bringen, oft Jahre später. Lehre sie, zu ertragen und zu vergeben. Sie sollen nicht vergessen, daß wir alle mit Sündern verheiratet sind, auch wenn es sich um Sünder handelt, die aus Gnade gerettet sind.

Das gemeinsame geistliche Leben. Damit ist gemeint, daß man zusammen in der Bibel liest und miteinander betet. Es ist wichtig, daß man regelmäßig (täglich) zusammen betet, am besten laut, damit der andere es hören und Amen dazu sagen kann. Verpflichtet euch, als Team zusammenzuarbeiten. Vergebt einander. Redet häufig und offen über das Wort oder über geistliche Dinge. Haltet eine gemeinsame Andacht (z.B. eine kurze Bibellese nach dem Abendessen, oder zu einer anderen gelegenen Zeit).

Der Ehemann soll auch im geistlichen Bereich leiten und nicht von der Frau zu den Gottesdiensten geschleift werden oder ihr die geistliche Initiative in der Familie überlassen. Leiten bedeutet auch, daß man ein gutes Vorbild ist.

Die sexuelle Beziehung in der Ehe. Gott hat sich die Geschlechter ausgedacht. Alles, was wir körperlich oder seelisch in bezug auf unsere Geschlechtlichkeit und auf die sexuelle Beziehung haben, kommt von ihm. Deshalb ist Sexualität in der Ehe nicht schmutzig, egal was für beschmutzende Erfahrungen man vor der Ehe gesammelt haben mag.

Sexualität ist ein wichtiger Bereich, aber es ist nicht der einzige und auch nicht die Grundlage der Beziehung. Er ist ein Teil der Kommunikation und des intimen Austausches, der mit „ein Fleisch" beschrieben wird. Der Geschlechtsakt drückt die Verbundenheit in dieser Beziehung aus.

Beim Geschlechtsverkehr geht es darum, dem anderen etwas zu geben, nicht etwas aus dem anderen für sich herauszuholen. Der Herr macht deutlich, daß unser Leib nicht uns selbst, sondern unserem Partner dienen soll (1Kor 7,3-5). Deshalb darf man sich dem anderen nicht entziehen oder die sexuelle Beziehung als Druckmittel in Streitigkeiten benutzen. Eine regelmäßige sexuelle Beziehung bildet einen Schutz vor Versuchungen, auch vor sündigen Gelüsten und gedanklichen Phantasien.

Sie sollten klar verstehen, wie die anatomischen Unterschiede zwischen Mann und Frau sich beim Geschlechtsverkehr auswirken. Auch die unterschiedliche Erregbarkeit und Sensitivität und die unterschiedlichen Empfindungen müssen verstanden werden. In diesem Bereich herrscht große Unwissenheit.

Dabei muß man vorsichtig und einfühlsam mit Leuten umgehen, die noch nicht viel wissen oder schüchtern sind. Wer schon mehr sexuelle Erfahrungen gesammelt hat und schmutzigen Einflüssen ausgesetzt war, muß lernen umzudenken. Die sexuelle Beziehung von Christen sieht anders aus als die der Welt.

Man sollte sie auf die sexuelle Beziehung in den Flitterwochen und nach den Flitterwochen gut vorbereiten. Dazu gehört, daß man hindernde Ängste oder unrealistische Erwartungen an den ersten Geschlechtsverkehr abbaut. Die sexuelle Beziehung ist eine Beziehung, die langsam wächst.

Man sollte mit ihnen auch darüber sprechen, ob sie Kinder haben wollen und welche Einstellung sie zu Geburtenregelung haben, bzw. welche Vorbereitungen sie dazu treffen wollen.

Diese Bereiche der Seelsorge zur Vorbereitung auf die Ehe mögen als zu viel erscheinen. Aber in einer freudigen, zufriedenen Ehe, durch die der Herr verherrlicht wird, spielen sie alle eine wichtige Rolle. Die meisten Eheprobleme kommen aus den Bereichen, die oben besprochen wurden. Versuche, so bald wie möglich an Schwierigkeiten zu arbeiten. In späteren Jahren wird sich das auch sehr gut auf die Kinder auswirken.

Fragen zum Selbststudium

1. Welche Hilfen oder Ratschläge haben Sie selbst vor der Ehe erhalten? Was wäre zusätzlich hilfreich gewesen? Wenn Sie ledig sind: Welche Hilfe würden Sie sich wünschen?

2. Welche Fragen würden Sie denen stellen, die Rat suchen wegen ihrer Eheschließung? Welche warnenden Zeichen haben Sie bei Befreundeten gesehen, die auf etwas hinweisen, das sich in einer Ehe zu einer Gefahr entwickeln könnte?

3. Was wären gute Zeichen?

4. Was wäre Ihrer Meinung nach eine vernünftige Vorgehensweise der Gemeindeleiter, wenn sie sich für Hochzeiten in der Gemeinde aussprechen? Welche Bedingungen sollten von dem jungen Paar erfüllt werden? Gibt es Bedingungen in diesem Kapitel, die Sie für unnötig oder für unerwünscht halten?

Anhang

Seelsorgerliche Vorbereitung auf die Ehe

In unserer Gesellschaft ist die Institution der Ehe am Zerbröckeln. In den USA wurden 1870 nur 27 von 1000 Ehen geschieden, 1972 schon 455 von 1000. 31% aller Verheirateten haben heute bereits eine Scheidung hinter sich.

Das Problem liegt aber nicht an der Ehe, sondern an den Leuten, die heiraten, und an ihrer Einstellung zur Ehe. Gottes Einstellung ist da ganz anders. Er benutzt die Beständigkeit der Ehe, um die unauflösbare Verbindung zwischen Christus und der Gemeinde zu illustrieren. „Denn ich hasse Entlassung, spricht der Herr" (Mal 2,16).

Die Ältesten der Gemeinde machen sich schon seit einiger Zeit Sorgen, weil Geschwister ohne richtige Vorbereitung heiraten. Der größte Teil unserer Seelsorge betraf das Löschen von Bränden in der Ehe, anstatt der Verhütung von Bränden vor der Ehe. Wir sind zu dem Schluß gekommen, daß wir für mehr als nur für einen guten Gottesdienst bei der Eheschließung verantwortlich sind. Wir sind überzeugt, daß unsere Hauptaufgabe darin besteht, den Paaren vor und nach der Eheschließung zu helfen. Deshalb sind wir zu dem Schluß gekommen, daß wir uns weigern sollten, den Hochzeitsgottesdienst bzw. die Feier für ein Paar durchzuführen, das nicht bereit ist, sich vor der Eheschließung auf die Ehe vorzubereiten.

Natürlich kann jedes Paar, das volljährig ist, sich auch ohne unser Einverständnis irgendwo verheiraten. (Es ist beachtenswert, daß u.a. das Gericht von Los Angeles die Heirat von Minderjährigen nur erlaubt, wenn sie sich durch entsprechende Betreuung auf die Ehe vorbereitet haben.) Trotzdem haben wir den Eindruck, daß wir, wenn wir eine Hochzeitsfeier im Rahmen unserer Gemeinde oder einen Gottesdienst in unseren Räumen veranstalten, damit andeuten, daß wir alles in unserer Macht Stehende unternommen haben, um eine erfolgreiche Ehe zu gewährleisten. Deshalb denken wir, daß vor der Hochzeit bestimmte Bedingungen erfüllt sein sollten (wie es entsprechend auch vor der Taufe der Fall ist).

Wir möchten gerne, daß die folgenden Bedingungen als Minimum erfüllt werden:

Die Ältesten sollten mindestens sechs Monate vor dem gewünschten Hochzeitstermin informiert werden. (Das Hochzeitsdatum und die Verlobung sollte vor dem ersten Treffen mit den Ältesten nicht öffentlich bekanntgemacht werden.)

Das Paar muß bereit sein, mindestens zu sechs Vorbereitungstreffen zu kommen, was die Erledigung von schriftlichen Aufgaben, das Lesen von Büchern und Anhören von Kassetten einschließt.

Das Paar muß bereit sein, auf den Rat der Ältesten zu hören und unter Umständen die Ratsamkeit der Ehe zu überdenken bzw. die Hochzeit aufzuschieben, um sich besser kennenzulernen und reifer zu werden.

Das Paar muß bereit sein, ca. drei bis sechs Monate nach der Hochzeit ein Seelsorgetreffen zu besuchen.

Abweichungen oder Änderungen werden von dem Ältesten, der die Seelsorge durchführt, nur in extremen Situationen gestattet.

Eine Umfrage in einer Anzahl von aktiven und wachsenden Gemeinden zu einem vergleichbaren Vorbereitungsprogramm hat gute Resultate gezeigt, unter anderem:

- Niedrigere Scheidungsraten.

- Einige Paare entscheiden einmütig, daß sie die Hochzeit aufschieben oder daß sie nicht heiraten.

- Einige Paare haben während der Seelsorge den Herrn Jesus als Retter angenommen.

Die Ehe ist eine bedingungslose Verpflichtung zu einer Beziehung mit einer fehlerhaften Person. Wir sind überzeugt, daß diese Beziehung erst an zweiter Stelle nach der Beziehung zu Jesus Christus als Herrn kommt. Man sollte sie sich gut und mit Gebet überlegen. Es ist eine Verpflichtung fürs ganze Leben.

Kapitel 13

Verschiedene andere Probleme in der Seelsorge

Die Anzahl der verschiedenen Situationen der Menschen ist zu groß, um sie in einer allgemeinen Abhandlung wie dieser angemessen behandeln zu können. Man kann nicht von uns erwarten, daß wir hier jede Beobachtung oder Empfehlung erläutern, obwohl wir das gerne tun würden. Daraus würde ein überdimensionales Buch entstehen oder mehrere Bände. Verschiedene Fragen zu den einzelnen Punkten werden aufkommen, und man fragt: „Aber was ist damit?" Das kann hier nicht alles behandelt werden. Wir wollen gerne einen Überblick über die häufigsten Fälle in der Seelsorge geben und zu jedem Bereich einige Vorschläge machen. In diesem letzten Kapitel werden wir noch einige von den Gebieten erwähnen, die noch nicht behandelt worden sind. Das sind die letzten Probleme, mit denen wir uns in diesem Buch beschäftigen werden, aber keineswegs die unwichtigsten.

Sorgen, Angst, Depression

Hier liegen wohl die am meisten verbreitetsten persönlichen Probleme. Sie hängen auf verschiedene Weise zusammen, aber wir wollen einige Unterschiede deutlich machen und zeigen, wie der Herr Jesus damit umging. Wir haben auch vor, einige Vorschläge zu präsentieren, wie man denen helfen kann, die mit diesen Gefühlen kämpfen.

Sorgen wurden als seelische Unruhe oder Qual definiert, die meistens von Unbehagen über ein gegenwärtiges oder zukünftiges Ereignis begleitet wird. Es ist nicht nur eine negative Denkweise, sondern es ist auch völlig nutzlos. Wenn man sich Sorgen macht, so drehen die Gedanken sich fruchtlos im Kreis. Das Zentrum dieses Kreises ist Angst. Sorgen werden angetrieben von einer unbestimmten Hoffnung, daß man in bezug auf eine vermutete Gefahr vielleicht dadurch doch etwas ändern könnte. Dort, wo dieses Verhaltensmuster schon zur Gewohnheit geworden ist, richten sich die Sorgen nicht auf nur einen Bereich. Sobald eine Gefahr verschwindet, wird sie sofort durch eine andere ersetzt. Das wird durch negative Erwartungen angeregt. Gewöhnlich werden Anzeichen von etwas, was passieren könnte, irgendwo hinein interpretiert. Oft drehen sich die Gedanken im Kreis oder sie wiederholen sich. Man hat dabei ein gewisses Gefühl der Hilflosigkeit, anstatt über hilfreiche Lösungen nachzudenken. Manchmal macht man sich Sorgen über die Vergangenheit, die nicht mehr geändert werden kann, oder über eine gegenwärtige oder zukünftige Situation, auf die man überhaupt noch keinen Einfluß hat. Psychiater benutzen hier oft den Begriff „neurotisch", um auszudrücken, daß es sich um eine Form von emotionaler Labilität handelt.

Angst hängt eng mit Sorgen zusammen. Aber es scheint eine stärkere Befürchtung, Unruhe oder Beklemmung vorzuliegen. Es geht dabei nicht um die Besorgnis wegen einer realistischen, tatsächlich drohenden Gefahr. Wir reden hier von Angst, die übertrieben oder unlogisch ist. Die Psychiater benutzen dafür den Begriff Phobie. Diese Ängste können sich auf Menschenmengen, Höhen, Bakterien, den Tod oder fast alles andere beziehen. Wir müssen dem Ratsuchenden beistehen, den Gedanken weiterzuverfolgen und zu beurteilen, ob die Befürchtung wirklich eine reale Möglichkeit ist. Wie kann man davor Angst haben, im Alter mittellos dazustehen, wenn man Häuser, Grundstücke und volle Bankkonten mit mehr Geld hat, als man je brauchen kann? Was tut man mit einem Kind, das sich im Dunkeln fürchtet? Bestimmt beginnt man damit, ihm deutlich zu machen, daß kein echter Grund zur Angst besteht.

Wir sollten mit den Worten des Herrn Jesus anfangen. In Matthäus 6,25-34 behandelt er dieses Thema ausführlich. „Seid nicht besorgt um euer Leben", um Nahrung, Kleidung und alle Notwendigkeiten. Und warum nicht? Da er sogar für die Vögel sorgt, wird er doch sicher für unsere Bedürfnisse sorgen. Er fragt dann, ob wir durch unsere Sorgen unser Leben auch nur um ein Stück verlängern können (V. 27). Die Antwort ist offensichtlich negativ. Er verbindet diesen Prozeß des Sorgens mit einem Mangel an Glauben an Gottes Verheißung: Er verspricht ja, daß er die versorgt, die seinen Interessen Priorität geben (V. 30.33). Er warnt besonders davor, sich über die Zukunft Sorgen zu machen, da wir genug damit zu tun haben, die gegenwärtigen Schwierigkeiten zu lösen. Man kann heute nicht den morgigen Tag durchleben. Gehe einen Schritt nach dem anderen. In Römer 8,15 lesen wir, daß Furcht eine Art Versklavung der Seele ist. Danach folgt ein großartiger Abschnitt über unsere Sicherheit als Gläubige, die wir in Christus haben (Röm 8,31-39). Es gibt einen

Geist der Furcht (2Tim 1,7), aber er kommt nicht von Gott. Hebräer 13,6 klingt ganz freudig: „Der Herr ist mein Helfer, und ich will mich nicht fürchten." Wir sollen jeden Gedanken gefangennehmen unter den Gehorsam des Christus (2Kor 10,5). Wir werden dazu aufgefordert, unsere Gedanken auf das auszurichten, was droben ist, nicht auf die Dinge, die auf der Erde sind (Kol 3,2). Wir können sowohl beten als auch unsere Gedanken fest entschlossen so ausrichten, wie der Herr es in diesem Bereich anordnet. Was immer es sein mag, vor dem man Angst hat, so müssen wir lernen, ihm zu vertrauen, anstatt uns auf unsere Gefühle zu stützen.

Für den Gläubigen, in dem der Heilige Geist wohnt, gibt es gewiß Möglichkeiten, um Gott die Gedanken kontrollieren zu lassen. Durch den Herrn kann man sich weigern, sich Sorgen zu machen, und man kann sein Vertrauen auf ihn setzen. Fasse den Entschluß, Sorgen aus deinem Denken auszujäten, damit es durch Freude und Frieden ersetzt wird. Wie oft ist der Herr aufgetaucht und befahl: „Fürchtet Euch nicht." Würde er das anordnen, wenn es unmöglich wäre? Suche Schutz bei ihm, übergib ihm deine Ängste. Muß man sich immer mit den Umständen beschäftigen, anstatt mit dem Herrn? In einem Gedicht heißt es: „Bring Deine Last zum Herrn und leg sie ab." Damit ist nicht gemeint, daß man zum Herrn betet, seine Last bei ihm ablädt, dann aufsteht und sie wieder mitnimmt.

Depression bedeutet wörtlich: niedergedrückt sein. Es ist ein andauerndes und konzentriertes Gefühl von Traurigkeit, Niedergeschlagenheit und Trübsinn. Es wird durch eine Krise ausgelöst. Das kann der Verlust eines lieben Verwandten sein, der Verlust der Arbeitsstelle, Zerbruch einer Freundschaft oder Ehe. Es kann eine gewisse Neigung dazu bestehen, bevor Frauen ihre Regel bekommen oder wenn man bei schlechter Gesundheit ist. Es kann möglicherweise eine Tendenz in der Familie dazu vorliegen. Die Reaktion auf eines dieser Dinge ist dann, daß man aufgibt, sich geschlagen gibt und sich selbst bemitleidet. Es kann sein, daß man in einem gewissen Grad selbst niedergeschlagen sein will, auch wenn man sagt: „Ich kann nicht mehr." Sogar Ungläubige können sich einfach dazu entschließen, innerlich wieder aufzustehen, anstatt weiter niedergeschlagen zu sein. Gewiß sollte ein Gläubiger durch die Kraft des Heiligen Geistes in der Lage sein, die Hilfe Gottes in Anspruch zu nehmen, den Trost aus Gottes Wort zu erfahren, die Gemeinschaft der Heiligen zu erleben und sich in die Gegenwart Gottes zu begeben. In all den genannten Situationen ist das Gegenmittel klar angezeigt. Man muß verstehen, was man da mit sich selbst tut. Man muß sich dem Herrn übergeben und ihm vertrauen und in ihm Zufriedenheit finden, anstatt in den Umständen. Bei einigen ist es notwendig, daß man sie zum Arzt schickt und daß sie Medikamente wie Antidepressiva oder Beruhigungsmittel nehmen. Diese Medikamente behandeln aber nur die Symptome und heilen nicht.

Okkulte Betätigung, Besessenheit

Diese Art von menschlichen Problemen kommt deutlich aus dem übernatürlichen Bereich. Es kann zu schrecklichen Anfällen von Furcht und Depression kommen, oder zu anderen Auswirkungen. Okkult bedeutet verborgen oder verdeckt. Die Leute experimentieren willentlich mit den unsichtbaren Mächten, die böse sind. Sie schauen in die Zukunft, suchen Führung, Heilung oder Kontakt zu Verstorbenen. Diese Praktiken bergen eine tödliche Gefahr. Viele, die in diese unsichtbare Welt eingeführt werden, halten das ganze für ein fesselndes Spiel. Es mag mit dem Ouija-Brett beginnen (Fragen werden an ein „magisches" Brett gerichtet, das mit Ja oder Nein antwortet). Oder mit einem Talisman (Glücksbringer) oder Amulett mit einer magischen Inschrift, die gegen Krankheit schützen soll. Andere lassen sich die Karten legen oder die Hand lesen, oder sie gehen zu einem Hellseher, der in Verbindung mit der Geisterwelt steht. Das ist Geisterbeschwörung, der bewußte Versuch, durch ein Medium in Kontakt mit einer abgeschiedenen Person zu treten. Die Stimmen, die dann antworten, geben vor, diese Person zu sein, und liefern Informationen. Viele von diesen Dingen werden auch in der New-Age-Bewegung praktiziert.

Andere haben die verbreitete Gewohnheit, Horoskope zu benutzen oder Astrologen zu befragen, um Führung für das tägliche Leben und Information über die Zukunft zu erhalten. Oder man wird in eine Meditationstechnik eingeweiht, indem man ein bestimmtes magisches Wort, ein Mantra, immer wieder wiederholen muß. Ein Mantra hängt oft mit einer Hindugottheit zusammen, die einen in die Geisterwelt einführen soll. Oder man hat mit Drogen zu tun, besonders mit Psychodelika (welche die Wahrnehmung verändern), die Halluzinationen oder Visionen hervorrufen. Man sollte stets nachfragen, wenn man solche Betätigungen vermutet. Laß sie jeden Vorfall seit der Kindheit aufschreiben, an den sie sich erinnern können.

Die Ausübung jeder dieser Praktiken ist äußerst gefährlich. Das gilt auch, wenn sie in der Familie ausgeübt worden sind. Sie verbinden die Person mit der dämonischen Welt und sind eine Art Einverständniserklärung oder Vertrag, durch den die Dämonen Macht über Dich ausüben wollen. Jeder, der mit solchen Praktiken zu tun gehabt hat, sollte 5.Mose 18,10-12 lesen: „Es soll keiner unter dir gefunden werden ... der Wahrsagerei betreibt (der Versuch, die Zukunft durch übernatürliche Mittel vorauszusehen) ... kein Zauberer oder Beschwörer oder Magier ... oder Totenbeschwörer ... Denn ein Greuel für Jahwe ist jeder, der diese Dinge tut." Lies den Vorfall in 1.Samuel 28,8, wo König Saul ein Medium aufsuchte und deshalb von Gott gerichtet wurde. Lies die strengen Verbote und Warnungen in 3.Mose 19,26; 2.Mose 17,22; Jesaja 8,19; 47,13; Hesekiel 13,6; 12,24 und Micha 3,11 (sie verdienen damit Geld). Bitte alle, die damit zu tun gehabt haben, diesen Dingen im Namen des Herrn Jesus abzusagen und seine Kraft zur Befreiung davon in Anspruch zu nehmen. Brich alle Berührungspunkte mit diesen Dingen, tue Buße darüber und suche Befreiung von der dämonischen Macht, die darin wirkt.

Dadurch kommen wir zum allgemeinen Thema von Dämonie oder Besessenheit. Zweifellos sind viele Gruppen von diesem Thema „besessen", indem sic hinter jeder Krankheit (z.B. auch Schnupfen) einen Dämon sehen, oder jede Versuchung des Fleisches auf Dämonen zurückführen (der Dämon des Geizes, der Lust oder der Genußsucht). Es ist aber weise, die bösen Mächte nicht zu ignorieren oder zu leugnen. Der Herr Jesus hat viel darüber geredet und hat Dämonen aus Menschen ausgetrieben, die besessen waren (siehe Markus 5,1-15). Neben denen, die besessen sind, gibt es viele, auch Gläubige, die auf irgendeine Weise von Dämonen beeinflußt oder gequält werden. Unter uns sind immer noch Menschen, die von den Einflüssen der dämonischen Welt befreit werden müssen, auch wenn das in einigen Ländern deutlicher ist als in anderen. Es gibt verschiedene Arten von Dämonen (Mt 17,21). Einige sprechen durch Menschen, um falsche Lehren über den Herrn zu verbreiten (1Tim 4,1). Wir könnten sie religiöse Dämonen nennen. Andere sind gewalttätig oder kriminell. Manche sind sexuell, was sich in der perversen und schonungslosen Natur ihrer Taten auswirkt. Einige sind mächtiger als andere. Direkte Hinweise auf Besessenheit wären eine Veränderung der Stimme, eine andere Persönlichkeit, übernatürliche Kraft und irrationales Verhalten. Um ihnen zu helfen, braucht man Geschwister, die im Glauben stark sind, die sich in diesem Bereich auskennen oder Erfahrung gesammelt haben und durchhalten werden. Es ist oft schwer, Leute aus diesem Sumpf herauszuziehen. Dabei ist es besser, eine Gruppe von Betern zu haben, als wenn man es alleine versucht. Oft wird der Test aus 1.Johannes 4,1-3 benutzt, aber das ist umstritten. Wir sollten uns die Möglichkeit bewußt machen, daß Dämonen wirken und sowohl Ungläubigen als auch Gläubigen zusetzen können. Aber nicht hinter jedem Busch ist ein Dämon.

Trauer, Kummer und Selbstmordgedanken

Wenn jemand von uns einen nahen Verwandten verliert, schmerzt uns der Verlust natürlich. Mit uns stimmt etwas nicht, wenn es uns nichts ausmacht. Wenn wir aber Trauer, Schmerz und Kummer über unseren Verlust *unangemessen lange* mit uns herumtragen, kann das zu einem Problem werden. Sogar bei so einer bedeutenden Persönlichkeit wie Mose wurde die Zeit der Trauer auf 30 Tage begrenzt (5Mo 34,8). Der Kummer muß ein Ende haben, wie wir auch bei David sehen, als er seinen Sohn als Baby verlor (2Sam 19-23). Der Tod kann nicht rückgängig gemacht werden. Wir müssen weiterleben, anderen dienen, mit dem Drehen um uns selbst aufhören und den Willen des Herrn akzeptieren. Der Herr Jesus hat den Schlüssel des Todes (Offb 1,18). Vor dem Gläubigen liegt eine herrliche Zukunft. Wenn er von hier scheidet, ist er beim Herrn (2Kor 5,6-8). Das ist „weit besser“ (Phil 1,23). Aber was ist mit denen, wo wir befürchten, daß sie vielleicht nicht gerettet wurden? Auch wenn es bei einer bestimmten Person sehr unwahrscheinlich ist, daß sie errettet ist, können wir es doch nicht sicher wissen. Vielleicht haben sie noch im Augenblick des Todes „den Saum seines Kleides“ angerührt und wurden gerettet. Solange sie leben, sollten wir lieber pessimistisch sein. Das mag nötig sein, damit man Zeugnis gibt. Wenn der Tod jemanden abgerufen hat, kann man aber zumindest in geringem Maß hoffen. Auf jeden Fall sind Klagen und Schmerz keine Hilfe, sie können uns sogar stark behindern. Wir wollen wie David mit dem Leben weitermachen.

Selbstmordgedanken sind ernst, auch wenn jemand keine Drohung mit ernster Absicht ausspricht. Vielleicht benutzen sie das nur, um ihren Willen durchzusetzen. Wenn jemand in ein Mädel vernarrt ist, so sagt er vielleicht zu der Freundin, die die Beziehung abbricht: „Ich werde mich umbringen." Wenn die Eltern ihrem Teenager Hausarrest geben oder ihm gewisse Vorrechte entziehen, mag er zu ihnen sagen: „Wenn Ihr das tut, werde ich mich umbringen." Uns wurde beigebracht, jede Drohung ernstzunehmen, weil es nicht mehr rückgängig gemacht werden kann, wenn sie ausgeführt wird. Man kann jedoch etwas zur Kenntnis nehmen, ohne notwendigerweise davon überzeugt zu sein, daß eine echte Absicht dahinter steckt, ohne daß eine momentane Gefahr vorliegt. Es sollte erkannt werden, wenn jemand nur versucht, andere durch seine Drohungen zu erpressen. Man sollte gewiß niemanden heiraten, nur weil er sagt, daß er sich sonst umbringen wird. Nur eine Person ist an Selbstmord schuld, und das ist die Person selbst. Sie hat nämlich nicht das Recht, über diesen Punkt zu entscheiden. Dieses Recht gehört Gott (Offb 1,18). Wenn jemand sich ernstlich vorgenommen hat, sich umzubringen, so wird er Erfolg haben, weil man ihn nicht über unbegrenzte Zeit 24 Stunden täglich bewachen kann. Auf kurze Zeit kann Nachtwache oder Begleitung durch einen Freund nötig sein. In extremen Fällen werden solche Leute zu ihrem eigenen Wohl in bestimmte Einrichtungen eingewiesen. Nach einiger Zeit kommen sie jedoch heraus und können ihr Vorhaben dann ausführen. Wir sollten ihnen sorgfältig zuhören und freundlich sein. Keine Panik. Bete mit ihnen und für sie. Erwarte das Eingreifen des Herrn. Sorge dafür, daß ein Freund in ihrer Nähe ist, der beobachten kann, was vor sich geht.

Führung, Gottes Willen erkennen

Wenn verschiedene Themen angeboten werden so ist dieses wohl das beliebteste. Die Leute haben oft keine klaren Vorstellungen davon und brauchen einige Prinzipien. Das trifft sogar dann zu, wenn ihr größtes Problem darin besteht, daß sie nicht auf weisen Rat hören wollen, wenn er ihnen gegeben wird. Gott hat eine größere Bereitschaft, die Menschen zu führen, als die Menschen, auf Gott zu hören. Die meisten Fragen drehen sich wohl um Beruf (welchen soll ich annehmen? Auf welchen soll ich mich durch eine Ausbildung vorbereiten?) und Wohnung (wo soll ich hinziehen?). Dazu gibt es nicht unbedingt direkte Bibelverse. Jedoch gibt es Richtlinien. Wahrscheinlich sind mindestens 90% von Gottes Willen in der Bibel niedergeschrieben, ausgedrückt in direkten Anordnungen, in Prinzipien oder in guten und schlechten Beispielen. Wenn wir uns nicht mit dem Wort Gottes vertraut machen oder uns keine Zeit nehmen, darüber nachzudenken, müssen wir den Preis der Unwissenheit dafür bezahlen. Vielleicht hat jemand nie das Gebot gehört, kein ungleiches Joch mit Ungläubigen auf sich zu nehmen (2Kor 6,4). Er wird jedoch den Preis des Ungehorsams zahlen, ob er es wußte oder nicht. Wie die Autofahrer wissen, die von der Polizei angehalten wurden: Unwissenheit schützt nicht vor Strafe. Es ist seine Pflicht, sich mit den Gesetzen des Herrn bekannt zu machen, genauso wie man die Gesetze des Landes kennen muß.

Jemand mag aus verschiedenen Gründen Gottes Willen suchen, zum Beispiel wegen Heirat, Berufswahl, Umzug, Trennung oder Scheidung, Schulden, Ausbildung etc. Gewiß sollten wir es *vermeiden, ihnen die Entscheidung abzunehmen.* Wenn der Ratsuchende nicht gläubig ist, so bietet sich eine gute Gelegenheit, ihm die Notwendigkeit einer Entscheidung für den Herrn Jesus vorzustellen. Wenn der Ratsuchende Christ ist, sollten die folgenden Gedanken durchgesprochen werden:

Ist man bereit, Gottes Willen zu tun (Joh 7,17)? Sonst kann es geschehen, daß man nicht so glücklich darüber ist, wenn man hört, was man tun soll. Und dann wird man es nicht tun. Fürchtet man sich vor dem Willen des Herrn? Denkt man, daß er sich darüber freut, uns als Missionar irgendwohin zu schicken, wo man nicht hin will? Oder daß er uns in eine schreckliche Situation führt – als Strafe, weil man ihm gehorcht? Stellt man sich Gott so vor? Erkennt man nicht, daß sein Wille gut ist (Röm 12,2)?

Seine Wege sind nicht unsere Wege, und seine Gedanken sind nicht unsere Gedanken (Jes 55,8). Deshalb gibt es Dinge, die er bedenkt, die uns aber nie in den Sinn kommen würden. Er ist bereit, uns zu führen. Vertraue darauf, denn er verspricht es. Es kann aber sein, daß es nicht unser Weg ist oder nicht in unseren Zeitplan paßt.

Der Herr sagt, daß man bitten, suchen, anklopfen und nicht damit aufhören soll (Mt 7,7). Die Form des Zeitwortes deutet auf eine fortgesetzte Handlung hin. Ist man bereit zu warten, anstatt impulsive

Entscheidungen zu treffen? Eines der großen Gebote Gottes ist: „Warte auf den Herrn“ (Ps 27,14). Es ist sehr wahrscheinlich, daß er unsere Bereitschaft dazu prüft.

Suche gottgefälligen Rat (Spr 11,14; 15,22). Dieses Thema wird häufig in der Schrift erwähnt. Die Betonung liegt auf gottgefällig. Man sollte nicht Rat bei jemanden suchen, nur weil man hofft, daß er den Rat gibt, den man hören will. Gott benutzt Menschen, um anderen Menschen seine Botschaft mitzuteilen. Dazu gehört sowohl die Botschaft der Errettung als auch Rat in den einzelnen Situationen des Lebens. Warum fällt es uns so schwer, darauf zu hören?

Wir sollten die Umstände erst beachten, *nachdem* die obigen Faktoren berücksichtigt wurden. Manchmal stehen die Umstände eher günstig dafür, daß man etwas Verkehrtes tut. Türen, die deutlich von Gott geöffnet oder geschlossen wurden, sind wichtig.

Nachdem all das Obige bedacht worden ist: hat man im Herzen Frieden über die Entscheidung? War Gott und sein Werk das wichtigste bei dieser Entscheidung?

Hoffnung und Ermutigung

Das Leben wurde „ein Tränental“ genannt. Es ist voller Enttäuschungen. Mühe und Schmerz werden oft besungen. Ein Titel des Heiligen Geistes ist „Tröster“ oder „Beistand“. Wir sind sicherlich dann Mitarbeiter Gottes, wenn wir anderen beistehen und sie trösten. Es hilft Leuten nicht, wenn sie sich in Selbstmitleid wälzen oder wenn sie sich selbst leid tun. Es ist nicht nötig, daß wir das den Leuten direkt so sagen, aber wir sollen uns selbst daran erinnern. Unser Ziel ist, ihren Blick auf den Herrn Jesus zu richten, der auf ewig die Hoffnung der Hoffnungslosen ist. Wir müssen den Herrn als den „Gott allen Trostes“ vor Augen haben (2Kor 1,3). Er wurde auch der Gott der Wiederherstellung genannt. Die Psalmen sind voller tröstlicher Gedanken und Erlebnisse, die die Gläubigen durchgemacht haben, als sie sich zu ihm flüchteten. Das ist ein Grund, warum die Psalmen sogar bei Ungläubigen so beliebt sind. Es wäre gut, mit den Verzweifelten solche Stellen der Hoffnung, der Ermutigung und der Verheißung gemeinsam zu lesen.

Ein Wort, das man in solchen Situationen sehr häufig hört, ist: „Warum?" Die Gedanken werden schließlich bei Gott anlangen: „Warum hat er das zugelassen? Warum hat er das getan?" Wenn wir die ersten beiden Kapitel von Hiob lesen, verstehen wir, daß Leid nicht immer von Gott kommt. Außerdem dürfen wir nicht vergessen, daß Gott mit seinen Geschöpfen in Gnade handelt, aus unverdienter Gunst, nicht aus einer Verpflichtung heraus. Er schuldet niemandem etwas. Wir sind ihm etwas schuldig. Es ist wichtig, daß wir nicht nur die Situation, sondern auch die Resultate auf lange Sicht sehen. Damit ist gemeint, daß der Herr, mehr als wir, die ewige Perspektive einbezieht, wenn er etwas zuläßt. Das Leben ist eine Schule Gottes. Die Entwicklung des Charakters und unser Umgang mit Schwierigkeiten ist viel wichtiger als die Probleme selbst. Wir wollen, daß sich unsere Lebenssituation ändert oder daß die Vergangenheit ungeschehen gemacht wird. Aber Gott ist daran interessiert, uns zu verändern, und zwar ganz.

Oft reden wir zuviel, wenn wir versuchen, Entmutigten zu helfen. Wir müssen eher leise zuhören, sogar, wenn sie einen Zornausbruch über Gott und die Welt loslassen. Am Anfang setzten sich die Freunde Hiobs hin und schwiegen (Hi 2,13). Das war das Beste, was sie je taten. Als sie zu reden begannen, haben sie sein Leid nur vermehrt. Gott sagt, daß sie nicht recht geredet haben (Hi 42,8). Ein entmutigter Bruder sagte einmal zum Autor: „Wenn mir jetzt noch einmal jemand Römer 8,28 zitiert, dann bekomme ich einen Schreikrampf." Es geht darum, daß wir oft zu Leuten hingehen und ihnen Standardantworten oder Klischees vorsetzen. Es ist wichtig, daß wir einfühlsam zuhören und ihnen dann helfen, im Einklang mit Gottes Wort zu denken. Die Gedanken müssen sich um Christus drehen und um seine großartigen Ziele mit uns. „Denn ich weiß ja die Gedanken, die ich über euch denke, spricht Jahwe, Gedanken des Friedens und nicht zum Unglück, um euch Ausgang und Hoffnung zu gewähren" (Jer 29,11). Unser Vertrauen und unsere Hoffnung muß auf Gott gerichtet sein (1Petr 1,21). Zeiten der Enttäuschung sind Gelegenheiten, wo wir unser Denken überprüfen können. Das kann zu einer Kurskorrektur führen.

Fragen zum Selbststudium

1. Wie haben Sie bisher Menschen geholfen, die Sorgen, Ängste oder Depressionen hatten? Wie gut konnten sie helfen, und warum half es (oder warum half es nicht)?

2. Was haben Sie in diesem Kapitel über Dämonen gelernt, über Besessenheit und Beeinflussung? Was würden Sie unternehmen, um hier zu helfen?

3. Was würden Sie Leuten raten, die Gottes Willen für irgendeinen Bereich ihres Lebens suchen?

4. Wie würden Sie bei jemand, der es braucht, Hoffnung wecken oder ihn ermutigen? Was wäre hilfreich oder hinderlich?

dlv

Paperback

W.J. Ouweneel

Herz und Seele
Gibt es eine christliche Psychologie?

186 Seiten
DM 12,80
ISBN 3-89397-218-8

„Psychologie" – das ist ein sonderbares Fach. Ein Lehrbuch beginnt etwa mit den Worten: „Sagen wir es gleich zu Anfang: Psychologie kann nicht definiert werden." Ist das nicht merkwürdig? Was für eine Wissenschaft ist das, von der die Gelehrten nicht einmal sagen können, was sie ist?

Psychologie will vor allem die Wissenschaft vom Menschen sein – und das Problem ist, daß wir nicht wissen, wer und was „der Mensch" ist.

Haben Christen eine Antwort auf diese Frage? Ganz gewiß, weil die Bibel den Menschen als Geschöpf und Bildträger Gottes hell zeichnet. Dr. Ouweneel studierte Biologie und promovierte 1970 auf dem Gebiet der Entwicklungsbiologie und Genetik. Bis 1976 war er im Auftrag der Königlichen Niederländischen Akademie der Wissenschaften tätig in der wissenschaftlichen Grundlagenforschung. Seit 1977 lehrt er an der Evangelischen Hochschule in Amersfoort Philosophie und seit 1982 Psychologie.

dlv

Paperback

M. u. D. Bobgan

Psychotherapie oder biblische Seelsorge

256 Seiten
DM 16,80
ISBN 3-89397-211-0

Das Ehepaar Bobgan geht davon aus, daß mindestens 75 % der Menschen, die sich in eine psychotherapeutische Behandlung begeben, nicht wirklich krank sind, sondern sich dort Rat und Anweisungen zur Lebensbewältigung holen.

Auch im Bereich der christlichen Gemeinden hat Psychotherapie eine biblische Seelsorge weitgehend ersetzt.

In diesem Buch wird die Unvereinbarkeit des biblischen mit dem der Psychotherapie zugrundeliegenden gängigen Menschenbild gezeigt.

Die Autoren entwickeln ein Seelsorgekonzept, das sich durch eine klare biblische Orientierung auszeichnet und erfolgreich in einer christlichen Gemeinde erprobt wurde.

Dr. Martin Bobgan ist Vizepräsident für Erziehungswissenschaften an dem Santa Barbara College.

Mit seiner Frau Deidre hat er eine Anzahl Bücher über Psychologie und Psychotherapie aus biblischer Sicht geschrieben, die in den USA veröffentlicht wurden.